# 历史上的人权

林国荣　著

GUANGXI NORMAL UNIVERSITY PRESS

广西师范大学出版社

· 桂林 ·

**图书在版编目（CIP）数据**

历史上的人权 / 林国荣著. —桂林：广西师范大学
出版社，2015.9
　（过去与现在文丛）
　ISBN 978-7-5495-7028-7

Ⅰ．①历…　Ⅱ．①林…　Ⅲ．①人权－思想史－研
究－世界－17 世纪～19 世纪　Ⅳ．①D909.14

中国版本图书馆 CIP 数据核字（2015）第 162883 号

广西师范大学出版社出版发行

（广西桂林市中华路 22 号　邮政编码：541001）
　网址：http://www.bbtpress.com
出版人：何林夏
全国新华书店经销
广西大华印刷有限公司印刷
（广西南宁市高新区科园大道 62 号　邮政编码：530007）
开本：880 mm × 1 240 mm　1/32
印张：8　　　字数：180 千字
2015 年 9 月第 1 版　　2015 年 9 月第 1 次印刷
印数：0 001～5 000 册　定价：45.00 元
如发现印装质量问题，影响阅读，请与印刷厂联系调换。

# 目 录

# 何谓"人权"？

何谓"人权"？很简单，那就是人之为人所应当拥有的权利。然而，没有人会满意这样一种同义反复的回答。问题在于："人之为人"究竟是什么意思？权利宣言时代的哲学家们给出的回答是：理智是人的根本属性，缺乏对理智的培养将导致人陷入激情、偏见和愚蠢，这样的人将只是"感觉的动物"，而非"理智的动物"，因此就不能成为"权利的主体"。不幸的是，在探讨何谓"理智"这个问题时，人类无法取得一致。这导致了最伟大可能也是最富天才的人权辩护者托马斯·潘恩陷入深深的矛盾当中：他一方面将人权建基于启蒙时代的政治理性，另一方面他又不得不将人权视为"常识"。众所周知，18世纪的政治理性乃是作为哲学原则出现的，它同"常识"之间存在如此深刻的敌对，以至于一方的生存必须以牺牲另一方为必然的代价。潘恩自陷其中的这种矛盾使得他在大革命的热情消退之后，迅速被取得胜利的自由主义精英集团放弃：参加美国独立战争和法国大革命的政治精英们并不喜欢潘恩将人权视为"常识"，在英格兰，潘恩则遭遇了柏克的坚决阻击——柏克在修辞学上的才能迅速地熄灭了潘恩的天才之光。很显然，一旦将人权建基于"常识"而非理智，则自由主义精英集团的财产权也将成为人权的内容之一，而非法律意义上不容侵犯的独特法权。"常识"作为对人间事实的日常陈述带有无限制扩张的普遍主义诉求,这样的诉求将阻止任何固定的规则为财产权提供法权保护。

不过,不容否认的是,即使是启蒙家们的政治理性也需要大革命作为舞台。1774 年,重农学派的政治领袖杜尔哥荣膺财政总长一职,很难说凡尔赛宫廷是否仅仅是作出一种荣誉性的安排,以安抚崛起中的法国中产阶级,使这个成长中的阶级懂得同权贵秩序的合作乃是双方的共同利益所在;但杜尔哥所承担的主要职责是将重农学派的理论原则付诸实际,控制凡尔赛宫廷的铺张浪费、外省官员的贪污腐败以及地方贵族的税收截留。按照重农学派的理论,这一任务获得了一个美妙的称呼——减少"净生产"的负担。胸怀经天纬地之才的杜尔哥,即便在这样一个为解决法国财政困难而设的半荣誉性职位上,也遭遇了惨败。并由此凸显出现代性启蒙政治观念的根本难题,那就是机械的政治理性同行动之间的无可跨越的深渊;更确切地说,纯粹理性主义的"治国之术",或者类似 19 世纪专家治国论者所主张的观念,在政治充满张力的年代非但无助于形成必要的政治意志,反而只是为泯灭此种政治意志提供了邪恶的助力。比如说,启蒙运动所提倡的清晰理智致使他始终未能明白一个根本性的人间事实:有特权的人宁可随同世界一起毁灭,也不愿意放弃他们的任何财富特权,尽管这些特权的基础并非如英格兰的那种生产性的、充满竞争和雄心的资本主义财富,而只是旧制度末期由王朝本身的愚蠢行为和错误行为而招致的以"繁荣"和"进步"为名的庞大投机空间。对富人来说,穷人对不公正的情感既微不足道,也没有存在的理由,这是自古以来的铁律。当自上而下的改革行不通时,自下而上的革命便取而代之了,这也同样是不容否认的人间事实。

今天的人们无论怎样评判大革命的功过得失都不重要,重要的是大革命在1789—1795年的激荡岁月中,为人类理解人权提供了几乎称得上是包罗一切的经验材料。其中最重要的事实便是:若没有"无套裤汉"和无地农民的力量支持,这场大革命必定终止在1789年夏天凡尔赛宫廷的刺刀之下。但共和派的理论家们始终不能同意将这股力量视为正当的和理智的力量,在基佐和梯耶里这样的历史学家看来,这股力量始终是有悖于"文明"的非理性力量。

19世纪是资本主义确信自身成功的世纪,也是统治阶级确信自身统治权的世纪。这是无可否认,也无可挑战的。曾在16世纪到18世纪刺激人们神经和活力,并铸造了英雄时代的抵抗权以及弑君权理论,于19世纪尤其是1848年之后,遭遇了彻底地清洗和自由主义净化,最终消散了。取而代之的是以进化论为基础的自然淘汰理论。在19世纪前半叶,李嘉图还认为贫穷是不可避免的,那是永恒不变的经济规律。但到了19世纪的下半叶,自由主义精英集团在确信自身成功的前提下,则认为通过自然淘汰,穷人将最终被清除,萧伯纳笔下的杜特里这种本不应该来到这个世上的穷人,只需假以时日,终究是要消失的。斯宾塞在其著名的《社会静态学》中总结道:"一方面淘汰那些最低级的物种,另一方面使遗留下来的物种不断在实践中得到磨炼,自然确保了那些懂得生存的条件并不断适应的物种的发展。如果因为愚昧无知及其造成的结果而在任何程度上中断这一磨炼,必然相应地中断这一进化过程。如果愚昧与理智一样安全,没有人会变得理智。"[1]

　　美国联邦宪法也正是在这一时代通过第十四修正案以及对马布里诉麦迪逊案的扩张性解释,获得了针对议会立法权和总统特权的优势地位。这一重大变迁的意义在于联邦法院随后的举动,即,将人权原则紧密地限制在财产法权及其法律规则的范围之内。此举的理论基础在于这样的确信:对穷人利益的考虑必将导致人权内容的无限制扩张,这一扩张将首当其冲地对财产权造成冲击和破坏,最终将破坏财产的道德和物质基础以及伦理尊严。如此严格的司法解释直到 19 世纪末尾迎来进步主义时代之时,才有所放松。也恰恰正是在此一时代,欧洲的经济和政治统治权遭遇了重大重组。资产阶级同旧统治贵族之间的联合走向了结束的开始,新的统治主体则是商人阶层、工会及其纷繁复杂的政治党派之间的联合;即便是在贵族统治最稳固的英格兰,工党也开始取得政治突破,工会运动烽烟四起,普通法的财产权规则体系已经无法容纳人权在内容上的扩张性诉求。天赋统治权力的旧有意识从此归于消散,与之一同消散的则是一个"逝去的时代",那是欧洲人文主义的时代,是贵族价值观与资产阶级价值观相互结合的时代,是绅士们自信能够为世界确立规则的时代。19 世纪和 20 世纪之交,欧洲的政治动荡和社会-经济领域发生的本质性变迁,令凯恩斯和熊彼特这样最杰出的经济学家明确感受到,无论是格莱斯顿的自由党法权世界,还是约瑟夫皇帝统领的道德世界已经开始从根基上瓦解了;此后,世界便进入了一个采取集体行动和

---

[1]　H.Spencer, *Social Statics*, New York, 1965 年,第 413 页。

直接行动的新处境,这个新世界更为冷酷,但也更为清醒,绝望和希望平分了这个世界,它们同样值得人类近距离的观察和守护。人权原则也在这个世界获得了扩张其内容的空间,逐渐容纳了包括财产权在内的所有涉及生存的物质内容。

克罗齐处在两个世界的界标之上,他在环顾四周之后写道:"'实在'这一概念承认善与恶之间存在不可分解的联结,它本身超越了善与恶,并最终超越了乐观主义和悲观主义的视域。对乐观主义来说,它并没有发觉生活中的罪恶和黑暗,而只是将其当作一种幻觉,或者仅仅当作一种非常小的或偶然的因素,或者期待着一种消除罪恶的未来生活,既在尘世也在天堂;而对悲观主义来说,它看到的只有罪恶和黑暗,并把世界解释成痛苦无止境的迸发之地,这使它内心被撕裂。"[1]

18 世纪的狄德罗、伏尔泰、达朗贝、孔狄亚克以及爱尔维修,使资产阶级过多地动用了脑筋,他们不得不在 19 世纪企望休息,并在贵族统治权的庇护下欣赏柔和的哲学和浪漫派的温情诗歌,不必再劳烦智慧,所需要的一切便是在"事实"和"价值"之间划出一道界线,并以类似宗教的神秘主义告诫人类:这道界线是无可穿越的,由此便得以直接进入梦幻之乡。而今天这个时代,一切确定性都消失了,人类,无论出身、地位、阶层,都不得不在严酷的斗争中奋力搏杀。

1628 年,初生的英格兰社会中间阶层联合部分贵族势力,缔造了第一份具有现代色彩的《权利请愿书》,缔造者们等待国王的批准。

---

[ 1 ]　克罗齐:《实践的哲学》,Bari：Laterza, 1957 年,第 251 页。

然而,他们经过历时两代人的血腥斗争,才明白过来,一个国王,即便不像斯图亚特诸王那般反复无常、背信弃义,也是不可能成为现代权利诉求的保证力量的。相反,现代权利诉求继续基于严酷的、集体性的斗争才能争取到实现的空间。严格来说,这并不是像现代人所熟悉的那种基本个体法权的程序性诉求,而是一场实实在在的、充满牺牲和鲜血的暴力斗争;而推动这一斗争的主体力量,在这批缔造者们看来,乃是一股从黑暗深渊中升腾而起的恐怖力量。麦考莱在回顾清教徒的道德和政治作为时,竭尽一切可能将清教徒的宗教力量和良知力量比附为光荣革命时期的辉格党。即便如此,麦考莱也无法回避清教徒道德世界中的恐怖元素以及经由这些恐怖元素激发出来的政治力量。于是他写道:

> 清教徒群体可说是由两个不同的群体构成的,一个群体奉行全然的自我压抑、忏悔、感恩和激情;另一个群体则高傲、平静、坚忍、睿智。清教徒匍匐在造物主面前的尘土当中,但是却可以将国王的脖颈踩在脚下。在敬拜的幽静中,清教徒会以抽搐、呻吟和泪水进行祈祷。那荣耀或者恐怖的幻象让清教徒趋于迷狂。他倾听着天使的韵律或者恶魔那诱惑的低语。他能够瞥见至福之境的光芒,或者因梦到永恒火焰而惊醒尖叫。如同范恩一样,清教徒相信自己赋有末日的权杖。如同福利特伍德一样,清教徒在灵魂的痛楚中呼喊着,因为上帝将自己的脸埋藏起来。不过,一旦清教徒在议席上就座或者佩戴刀剑走上战场,灵魂中这些急风暴雨般的活动就会不留任何痕迹。除了他们那

粗野的面容,人们不会看到任何神的痕迹,除了他们呻吟和哀鸣般的歌声,人们也听不到任何别的东西,于是,人们便会对他们施以嘲笑。不过,若是人们在议会大厅或者战场上见到他们,就不再有任何嘲笑的理由了。这些狂热分子给民事和军事事务注入了冷静的判断以及目标上的坚定,以至于一些作家觉得这同他们的宗教狂热是不相容的,然而,这些事实上都是他们宗教狂热的必然结果。正是他们在宗教情感上的这种烈度造就了在所有其他问题上的宁静。此种压倒性的宗教情感驯服了怜悯和仇恨,也驯服了野心和恐惧。在此种宗教情感面前,死亡丧失了恐怖,而愉悦也丧失了魅力。清教徒自有其欢笑和泪水,自有其狂喜和哀伤,不过这一切都并非为着尘世之事。热情将他们铸造成斯多亚主义者,荡涤了他们内心所有的凡俗激情和偏见,使他们超拔于一切危险和败坏因素之上。此种宗教热忱有时候也会引导他们追寻不明智的目标,但他们绝不会选择不明智的手段。清教徒穿行世间,如同阿特加尔爵士的铁人塔鲁斯一样携带着鞭子,抽打压迫者,将其踩在脚下,混迹于人群当中,但既不加入其中,也不分享人类自身的弱点而造就的命运,劳顿、快乐和痛苦对他们无所触动,任何武器、任何险阻,也都不能征服他们。

(麦考莱:《论弥尔顿》)

18—19世纪的现代权利论者极少愿意回顾往事,将权利同某种恐怖力量联结起来,这一点麦考莱本人也承认:

　　大约是在四五十年前,考珀曾提起过,他不敢在自己的诗歌中提及约翰·班扬这个名字,他害怕因此招来嘲笑。我们觉得,对我们这些文雅的先辈来说,罗斯康芒勋爵的《译诗论》和白金汉姆谢尔公爵的《诗论》,无疑要比这位补锅匠牧师的寓言好上不知多少倍。当然,我们生活在更好的时代;不过我们还是敢于这么说,17世纪后半叶的英格兰不乏明敏之士,不过只有两颗心灵拥有非凡的想象能力。其一铸造了《失乐园》,而另外一颗心灵则铸就了《天路历程》。(麦考莱:《论班扬》)

　　雨果在19世纪资产阶级温柔乡达到巅峰之时写作了《悲惨世界》,在卷首的序言中对人间事实作了本质性的概括:"只要由于法律和习俗的原因,在文明鼎盛的世界里还存在着社会的刑罚,人为地制造出一座座地狱,更在神定的命运之外,再加上人间的命数……只要在世界上还有无知和贫困,像本书这样性质的书都不会是无益的。"确切地说,只要人们愿意取消19世纪的那种区分善恶的稳定标准,接纳克罗齐或者雨果所陈述的人间事实,以积极态势进入并守护一个严酷的世界,那么《悲惨世界》的价值也就将是永恒的。

　　《悲惨世界》所说的这些话,也概括了本书将要对人权所说的一切。

　　本书在结构上分为"故事"部分和"理论"部分,之所以采取这种分裂式的二元结构,是因为作者本人不相信理论对于故事的统摄能力,并且对此也不抱希望。只有行动的人才有能力和责任对世界的某一部分提出解释,而任何的解释都将是暂时性的。

一

英格兰人的“人权”实验

## 序曲:欧洲"三十年战争"

　　发生在 17 世纪的宗教战争历时漫长,带来了普遍的饥荒、死亡和政治混乱,就像在古典时期的动荡和战争年代经常发生的一样,这一切都如同瘟疫迅速传遍欧洲大陆。席勒在刻画三十年战争的最显著特点时指出:"在这个时代,个人可以发挥巨大的作用。"(席勒:《三十年战争史》,商务印书馆,第 5 页)然而,崛起的野心在开辟珍贵的自由行动空间的同时,也必然导致人们不知道自己究竟为何而战。驰骋在 17 世纪欧洲大陆战场上的雄才大略之人,通常都会带着明确的目标而来,最终却在困惑中离去;无论是华伦斯坦,还是古斯塔夫,甚至包括黎塞留在内,无不展示出某种带有神秘色彩的性格特征、充斥着寓意色彩的语言和行动特征,让人无从测度。拥有后见之明的历史学家们在尝试评价这些当世雄才时,才逐渐明白过来,这些人实际上不过是在时局动荡中随波逐流的"没有谜语的斯芬克斯"。由于人们不知道为何而战,不知道为了一个非尘世的幽灵目标付出如此惨重牺牲是否值得,在为这场普遍战争寻找恰当名称的时候,除了以其所经历的漫长而无意义的时间长度"三十年"之外,便没有别的办法可使之载入史册。《威斯特伐利亚和约》并不是三十年战争最重要的和最终的结果,而只是一场基于纯粹利益计算而达成的必然妥协,当时的一位新教教派领袖在闻听合约所建立的巨大框架时,以"怜我世人"的语气评论说:"天国欢笑人间唱!"

　　假如上帝对人类的关怀方式并非理性、秩序以及仁慈,那么三十年战争的最重大结果就是人们开始怀疑是否存在一种包含信仰或者绝对真理的政治原则。哲学家们开始寻求习惯性的退隐之道,将"认识你自己"的希腊神谕改造为哲学家自我生命的目的,并从罗马的斯多亚学派那里修炼一种对平和、内心宁静和忍耐的意识。蒙田以塞涅卡为师,在《论孤独》中写道:"理性和感觉带走忧虑……我们必须保留一个完全属于我们自己的空间,它完全是空的,以便我们能够在那里安置我们真正的自由和我们重要的退守和孤独。"关于公共事件,蒙田写道:"法国现在为内战而鼓噪,无疑,最好最合理的是保存这个国家旧有的宗教和旧有的政府。然而,在站在这一边的好人里……我们看到许多人的激情越过了理智的界限,这使他们采取了不公正的、暴力的,甚至是不计后果的路线。"在《论残酷》中,蒙田则富有代表性地延伸了这种哲人式的、一贯缺乏政治轻重度的盲目评论:"在所有罪恶中,我尤其痛恨残酷……它是所有罪恶的极致……我生活在这样一个时代,周围无法避免地充满了这种罪恶的例子,它们在战争中畅通无阻,我们还在古代历史中看到比我们每天的经历更加极端的例子。但是,那永远也别想让我接受。"[1]这是蒙田唯一留下的政治论述。

## 1640 年英国革命:人权的淬火期

然而,伟大的政治真理或者政治原则得到激发和确立,通常并非理性之功,而是人类激情所致。正当三十年战争在欧洲大陆酣畅淋

---

[1] 转引自 D. Frame, trans., *The Complete Works of Montaigne*, Standford: Stanford University Press, 1958 年, 第 175、177、306 页。

漓之时,英格兰在1640年代凭借清教徒的宗教激情进行了一场被人们称之为"内战"的伟大政治革命,这场革命所激发和创立的政治原则不仅使英格兰迥异于完全丧失政治原则和操守的欧洲大陆,而且也由于人权原则在其中的复杂运行以及功过兼容而足以垂范后世。此一时期可称之为"人权的淬火时期"。

由于都铎王朝几位能力卓异的国王行之有效的运作,英格兰在伊丽莎白一世手中最终确立了稳固的君主政体。这种政体在当时是非常强有力的。伊丽莎白以铁腕的重商政策,使英格兰获益颇丰。这些收益中的绝大部分都用来巩固自亨利八世大规模分割并出售教会地产和财产以来就已经奠定社会地位的商人和乡绅阶层。这一阶层围绕英格兰议会的下院构筑了自己的权力中心,在伊丽莎白统治的末尾期,这一权力中心的政治身份尚不明确,但潜力十足,野心渐起。

日渐衰老的伊丽莎白令人困惑地拒绝讨论继承人问题,直接导致当时的苏格兰国王以詹姆斯一世之名继承英格兰王位,开创斯图亚特王朝统绪。都铎王朝历代国王的惊人成功完全取决于政治上的精明与灵活,他们大都能够挑选最明智的人物作为大臣,能够以巧妙的、有说服力的方式操控议会,内心深处则始终怀有对国王尊严的绝对意识和严格忠诚于王位所要求的勤奋与操劳,最主要的一项就表现在对财政的谨慎管理之上,在议会把持钱袋的英格兰政体中,这一点对于国王的自由行动至关重要。都铎王朝结束之时留下的英格兰政体的决定性特征就是"议会中的国王",国王和议会分享立法权。两者之间能否和谐运作,则取决于一系列复杂而微妙的技巧以及国王和议会主要人物对此种关系的体悟,这要求双方均赋有极强的常识感,这一常识感构成了此一时期英格兰君主政体发挥功效的真正枢纽,其地位正类同于 1688 年之后的《权利法案》。

然而,斯图亚特家族缺乏都铎家族所拥有的一切优秀素质。詹姆斯一世所受的教育和学问远远超越并取代了他的常识感,他因其作品所展示的博学和深刻而博得了"基督教王国中最聪明的脑袋"这一称号。在英格兰,这一称号意味着斯图亚特家族将用创立政治理论和清谈来代替实际工作,这对英格兰政体的有效运作来说,可谓致命的"美德"。促成此一"美德"在实际上发挥致命效果的,则是詹姆斯一世的"君权神授"信念。依据欧洲大陆的罗马法观念,"君权神授"意味着"国王高于法律"这一强有力的法律观念;而在英格兰,"君权神授"的恰当意义则在于君主及其臣民对王权尊严的内在认可,"议会中的国王"形象便是对此一观念的最佳体认,法律原则方面的推演便是:议会无权审判国王。詹姆斯一世错误地将"君权神授"体认为"唯我独尊"。在越过苏格兰边界,进入繁荣的英格兰时,他相信自己进入了"上帝许诺的迦南乐土",并在下院的首次演说中指出:"没有任何特权和豁免权可以抵制一位由上帝任命的国王。"如此理解王座的意义,在那个时代的基督教王国中是非常突出的,即使对后世具有典型意义的专制君主,比如路易十四或者腓特烈大帝,也足以令他们产生耳目一新之感,因为这意味着国王对英格兰境内所有人的自由、人身和财产都拥有绝对的司法裁决权。詹姆斯一世以其深刻的理论作品辅助这种见解,吸引了当时的一大批才能卓绝之士,比如弗朗西斯·培根。这不但与那个时代的普遍观念产生了抵触,也

和英格兰长久以来的民情发生了直接的碰撞。那个时代并非 1914
年之后的大众民主时代，而是一个由团体、等级和贵族体系的种种特
权与豁免权组成严密网络的时代，这些特权、豁免权以及遭受分割的
司法裁决权共同主宰着政治权威，并对初生的主权权威实施共有所
有的制度。尽管霍布斯在内战之后称这种制度体系为"不规则"建
制，并指出这种建制只有在得到主权者认可的情况才能存在，主权者
有权随时将其取消，但是社会就是完全以这个网络为支撑的，并靠这
个网络才得以运行；另外，英格兰长久以来的民情则进一步认为，除
非合乎法律程序，否则不能剥夺一个人的财产。

　　在这些以厚重而严密的普通法为基础的种种法律程序网络当
中，有一条突破了单纯的法律含义，成为其中赋有政治意涵的关键程
序，那就是：由下院看管国家的钱袋。都铎王朝的重商主义策略成功
地在英格兰塑造了一个拥有相当土地和国家财富的精英集团，到斯
图亚特时期，这一集团又获得了长足的进展。1640 年由于军费开支
问题，查理一世不得不召开议会的时候，下院的议员丝毫没有隐晦自
己的政治决心。麦考莱评述道："1640 年 11 月 3 日，是值得长久记忆
的日子，一届伟大的议会召开了，这届议会注定了要遍尝命数之种种
极致，帝国和奴役，荣耀和蔑视，时而凌驾一切，时而屈从一切。从会
期第一天开始，就呈现出极高的到会率；议员们的表情就展示出他们
无意再敷衍下去，他们决心有所作为。议会上一次的解散已经让他
们中的大多数人认定，折中策略是不够的。克拉林顿告诉我们说：
'同样的一些人，六个月前尚属温文尔雅，欲求温和疗法；如今，谈起
国王及其臣僚，则完全换了语调。他们说，同上次议会相比，他们必

须换换脾气了。'多年的巧取豪夺,使得复仇的账单膨胀起来;这笔血债该是血偿的时候了。"(麦考莱:《论约翰·汉普顿》)这的确道出了实情。同时,斯图亚特时代的议会下院在经历了与都铎王朝的历代明君长久的政治磨合之后,已经接纳了优越于当时整个欧洲等级会议的政治教育,懂得如何表达自己的政治意愿。这一切的基础就是议员们对自身的财政力量产生了越来越强烈的信心。勤奋、克己、节俭、厌恶享乐、将罪恶等同于贫穷、将弱势等同于道德败坏,这些道德观念无论是否能够称为"新教的"或者加尔文宗的,都不重要;关键在于这些富有强烈进取心的观念正好符合了下院议员的生活模式,而这一切都与斯图亚特王朝所推崇的那种莎士比亚式的"柔弱而美好的"享乐主义的英格兰贵族观念势同水火。从17世纪开始,下院所讨论事务的主题已经不再限于中世纪晚期传统的税收份额问题,在王室收支问题的背后,往往涉及宗教方面的变革以及对外事务;换言之,詹姆斯一世时期的下院实际上想要攫取的乃是我们今天称之为"主权"的东西。对议员来说,英格兰社会由于议会的有效运作以及王政的充分发展,所以并不像法国旧制度时期那样存在客观方面的税收困难,只要下院能够在税收的使用和国家政策的制定上享有一定的发言权,国王就能顺其自然地获取所需的钱财,下院对此也并无特别的抵制。然而,此种权威分割的局面却必定带来程度把握的问题,这个问题并非詹姆斯一世的理论作品所能应付。严格来说,从詹姆斯一世开始,斯图亚特王朝的君主们都因为未能体认此种分割的微妙界限,及其跟随机运和偶然所必然发生的不稳定和变迁,从而最终也体认不到英格兰法律和政体的要义所在。

对气质孤高而执着于王权之尊严的詹姆斯一世来说,国王在下院的经历并不美好,气氛的嘈杂更是给他留下糟糕印象。事情的转折点发生在他对这种糟糕印象的错误解读上,他认为这种嘈杂和喧哗传达了下院的傲慢,暗示了下院无止境的勃勃野心,而实际上,议会辩论随心所欲、不受限制只是下院的一项传统,这无疑挑战了詹姆斯一世对于王权唯我独尊的敏感神经,这是他难以忍受的。从1603年到1640年的每次议会都会爆发国王和议会那些在法律头脑方面训练有素的议员们之间近乎粗野的争吵,有无数的中世纪先例可用来与国王论理。逐渐失去耐心的詹姆斯一世由于缺乏伊丽莎白所据有的一切优秀素质而使他的王朝被套上"诺曼枷锁"的称呼,在并不习惯公共讨论的前民主政治时代,这一称号无疑激发起巨大的政治想象力,很容易使盎格鲁-撒克逊民族的自由意识处在火山边缘。斯图亚特君主顽固的天主教倾向则在这个新教民族的政治想象力之外,平添了莫大的恐惧感和宗教想象力,这一切将促成火山的实际爆发。詹姆斯一世的及时死亡使狂澜恢复了短暂的平静。对峙双方蛰伏在观望状态中,静待时机。

麦考莱对詹姆斯一世的道德世界的评析在很大程度上也是针对整个斯图亚特王族的:

> 伊丽莎白去世之后,这个王国就转交另一个人之手,此人自视甚高,自认为是古往今来最精通王者艺术的人。然而,此人实际上只不过是上帝派来达成加速革命这一明确目标的。在不列颠所造就的所有自由之敌当中,他是最无力为害的,同时也是最

容易发脾气的。他的职责类似于这样一种角色,如同西班牙斗牛士一样,此人负责刺激那头怠惰的野兽,使其暴怒,手法就是在空中摇晃着红布,并不时地扔出一把飞镖,足够尖利可以刺痛野牛,但是太小而无法使野牛受伤。明智的暴君通常采取的策略就是用受欢迎的形式来掩盖其暴力行动。詹姆斯则总是在毫无必要的情况下,在臣民身上试验自己的专制理论。他愚蠢的言语总是让人民感到愤怒,其程度远远超过强制借贷或者恩税所产生的效果。然而在实践中,詹姆斯对特权的把控程度则比不上古往今来任何一个国王。他既不对自由的慨然之气示以宽大让步,也没有对之采取遏制举措,而是在自由精神面前仓皇撤退,但是撤退同时却又大放厥词,肆意侮辱。之前的 150 多年间,统治英格兰人民的历代君主,无论他们何等脆弱或者邪恶,其性格当中也都有巨大的力量,无论是遭人恨还是受人爱,人们也都会对君主心生畏惧。如今,自从亨利四世的权杖从他慵懒儿子手中掉落以来,英格兰还是第一次拥有了一位被人民瞧不起的君主。(麦考莱:《论约翰·汉普顿》)

查理一世在继承王位的同时,也继承了斯图亚特家族的一切政治倾向和禀赋——对于王权"唯我独尊"的神圣信念、一个在私人道德方面善良而柔弱的人。这是查理一世的两大突出特点,前一特征使他选择了站在历史斗争中的失败方,后一特征则间接造就了英格兰宪政史上以及人权史上最辉煌的事件:弑君。

继位之后,查理一世竭尽所能维持王室财政收支,不求助议会。

这种统治持续了 11 年,而大多数英格兰人也并不认为这种统治是不合法的,因为国王并没有尝试以非传统手段打开议会看管的钱袋。1640 年,英格兰社会的迅猛发展最终引发了国家事务在广度和深度上的极大扩展,相形之下,王室自身的传统收入和种种非常规收入早已显得太可怜了。同时,查理一世的能臣斯特拉福德和劳德大主教试图在英格兰推行带有强烈天主教色彩的"基督教社会主义"国策。此一国策的根本意图就是要向英格兰最贫穷阶层伸出救援之手;就其纯粹的政治意图而言,乃是向英格兰乡村的最贫穷阶层寻求最广泛的政治支持,由此扩大王权的政治基础,从而与财富新贵阶层所代表的精英集团形成对抗,并获得谈判的筹码。此一国策战略的要义乃是越过有产阶层,向大众寻求直接的政治支持,类似于 19 世纪由迪斯累利主导的托利党所推行的全民普选制度。劳德的失误在于历史年代方面的错误,在一个远非大众政治的年代,他无疑严重高估了农村地区的政治觉醒度;此一国策由于年代错误及其天主教倾向,而必然归于失败。结果是一方面造成巨大的财政空耗,另一方面也根本性地侵犯了财富阶层的神经中枢。下院毫不犹豫地将王座驾前的两位干臣送上断头台,查理一世对此无能为力,这既是英格兰财富阶层第一次在宪政史上正式宣示自身的力量,也是对王权的沉重打击。时任法国宰相的黎塞留闻听此讯不免评论说:"他们砍了那个最伟大的英格兰人的脑袋。"

议会派是不是做得太过火了? 后世的保守派,尤其是查理一世党人和詹姆斯二世党人,一直纠缠于这个问题,他们认为,既然查理在捍卫王权尊严之时,并没有违背古代宪政的惯例,那么弑君之罪就应当是成立的。可惜的是,王党的辩护者们,不管出于何种动机,都未能意识到,查理在批准《权利请愿书》之时,就已经自动放弃了对古代惯例的诉求,因为那份《权利请愿书》本身就是一份崭新的文件。正如麦考莱评论的那样:"查理的辩护者们是热衷于纠缠这个主题的。他们会说,如果说查理恶待了他的人民,他的统治也是在追随先王的范例。如果说查理确实侵夺了人民的权利,那也是因为这些权利并未得到确切的界定。归之于查理的所有压迫行为在都铎编年史中都是有先例可循的。休谟对此问题已有详尽论说,他在这个问题上运用的写作艺术,就历史作品而言是不足采信的,不过若运用到法庭辩论上,则是魅力十足的。答案实际上是简单、清晰和决定性的。查理已经同意了权利请愿书。他已然放弃了那些据说是先王们行使过的压迫性权力,他为了钱而放弃了这些权力。他没有资格确立古代的权力主张来对抗他本人近来的放权行动。"(麦考莱:《论约翰·汉普顿》)

## 第一部《权利法案》的诞生

1641 年的议会通过了《三一法案》,迫使国王每三年召开一次议会。此次议会在决定劳德大主教命运的同时,也宣判了上院和高等委员会中的法庭机构以及星室法院的死刑,同时进一步威胁要废除主教团制度。苏格兰战争和对法事务迫使查理一世接受现状,但和平并不意味着和解。作为第一轮较量的结果,查理一世和下院都进一步坚定了各自的信念。1642 年,查理一世离开伦敦,前往牛津,策动了针对议会的军事行动。议会宣布取消查理一世的解散令，这意味着议会主权在英格兰宪政史上第一次得到公开宣示，这届议会一直延续到1660年，史称"长期议会"。内战便在此刻爆发了，英格兰的最高权力究竟是掌握在议会手中，还是掌握在国王手中，将由这场内战的结果来进行检验。正如洛克所说，关键时刻的政治决断将只能"诉求上天"。此时的社会和政治实情，就其本质而言，乃是由于现代权利原则在传统的王朝领地实施了"狂飙突进"；双方对此种激奋局面既感到陌生又感到莫名的昂扬斗志。换言之，崭新的局面使得双方都兀自确认自身的信念乃是正确的。正如麦考莱剖析的那样：

　　国王针对五君子的控诉不妨更确切地说是针对议会的控诉，因为五君子的几乎全部议会作为都得到了下院的附议，这一控诉乃是内战的起因。情形已经很清楚了，查理和议会，必定要有一方被剥夺掉这个国家的全部实权。对下院来说，最好的办法就是罢黜国王，就如同他们的祖先罢黜爱德华二世和理查二世，他们的后人罢黜詹姆斯一样。假如议会这么做了，假如他们将王冠授予一个其品性和境遇都足以保证其良好行止的君主，他们就可以安全地将王冠的所有古老的宪政特权都保留给国王，比如军权、册封贵族的权力、任命大臣的权力、否决两院议案的权力。这样一位君主，依托议会的建议进行统治，也就必定依照议会的意愿而行事。但是，公众心灵尚未成熟到可以接受这样的举措。当时也没有兰开夏公爵，没有奥兰治亲王，或者类似的伟大且杰出的人物，能在血缘上切近王座，同时又忠诚于人民的事业。查理仍然是国王;既如此,就必须让他徒具虚名。类似威廉三世或者乔治一世这样的国王,其王座名分本身实际上就等同于人民的自由权,这样的君主自然能够以广泛的权力予以信托。但是,新的自由必定无法同古老暴君安全共存。既然无法剥夺其国王名分,唯一之策便是让他成为一个纯粹的受托人,名义上握有诸多特权,但运用此类特权者则另有其人,如同达赖喇嘛或者甩手国王那样,只是达戈贝特(Dagoberts)和希尔德贝特(Childeberts)们的幻影,穿戴着王权的种种配饰,实际权力则握在埃布罗恩(Ebroin)和查理·马特(Charles Martel)手中。"(麦考莱:《论约翰·汉普顿》)

纳斯比战役决定了战局,议会军的胜利无可避免。但胜利却造成了议会的根本性危机。议会反抗的基础乃是君主立宪,在财富精英集团中,没有人为没有国王的共和政体而战,这是可以确定的。当时流行的小册子表明了议会派财富阶层的态度:"国王的权威和政治地位,正如身体和脑袋一样,乃是不可分割的。"对财富阶层来说,没有国王的议会甚至要比没有议会的国王更不具有安全感,因而也更加可怕。1649年在处决查理一世之前,任何鼓吹共和论的行为都会视同叛国罪而遭受死刑宣判。曼彻斯特伯爵道出了议会发动战争之时所秉承的君主立宪原则必将在胜利之际造成的困境:"国王可以不在乎每隔多久打一次仗,而我们必须谨慎开战。因为我们是抱着全副身家性命去战斗,随时要承担到头来一无所获的危险。如果我们进行了一百场战斗而赢了他九十九次,他就还是国王,但他一旦打败我们一次,他就彻底赢了,我们就必须接受绞刑,失去全部财产并诛灭九族。"依据君主立宪的原则,唯一可能的解决办法就是推举他们正与之战斗的国王担任议会军的总司令,若非如此,议会军将永远无法摆脱灾难性的结局。这样的结局实在是荒唐,然而依据君主立宪的原则,则没有人能够找到解决问题的线团。对此,克伦威尔激发了一个更为根本的问题:"我的上帝,如果要这样,我们当初又何必要起兵呢?"面临此种困境,以长老派为中间力量的议会上层便故意拖延战争,或者通过使战争行动归于无效等手段,谋求与国王的和平。议会军的中下层,也就是以独立派为代表的议会激进派恰在此时挽救了濒临绝望的议会,并提供了新动力,促使事态沿着不同的方向获得进展,独立派要求尽快而彻底地打败国王。这意味着放弃君主立宪,放弃君主本身,转而采纳共和制度。共和论原则的逻辑结论便是绞死国王。这是当时议会派的绝大多数人无法想象的,也是他们绝对不会支持的。

独立派在克伦威尔及其杰出部将的领导下,很快便通过《自抑法》革除了长老派的军事领导权,并将传统的英格兰民兵制度迅速改造为职业化的军事制度。这便诞生了以清教徒为主要战斗力量的"新模范军"。和"三十年战争"时期欧洲大陆的新教军队类似,这是一支精神力量简单而清晰、为荣耀上帝事业而不计个人财产和生命的军队,战斗目的明确且不容争辩、不容拖延。这样一支军队一旦出现在战场,便迅速终结了王党军队的一切幻想,并最终捕获了国王。

对于独立派来说,简单而清晰的道德原则实际上也催生了同样简单而清晰的法律原则,那便是法律面前人人平等。如何处置国王将决定战场上成果的归属问题,并且也是整个时局的枢纽所在。既然法律面前人人平等,那么即便是国王也要臣服于法律;既然人人都有可能犯下叛国罪,那么国王也不例外;既然任何人一旦违法,就必须接受法律的审判,那么国王也必须因为自己的叛国行为而走上法庭。清教徒们既然把所有的荣耀都给予了上帝,并相信是上帝预先确定了他们的胜利,那么这种胜利就必须顺理成章地结出果实;绞死国王乃是为在尘世之上建立"第五王国"也就是共和国铺平道路,而"第五王国"的确立乃是直接受命于上帝的事业。克伦威尔及其军队对此深信不疑:《启示录》将"第五王国"描述为"圣徒统治的时期",而非尘世君主的天下,这是人类在基督第二次降临前的一段纯洁而必要的过渡期。

战场上敌人的消除引发了议会派内部的分裂和厮杀。长老派希望抛开军队,独享胜利果实,并暗中密谋与国王的妥协,以期确保自身财产的安全,这一切暴露出议会派上层的狭隘和残酷。长老派不但拒绝了独立派及军队的法律改革以及分得一块自由份地以保证生存的要求,甚至还拒绝了士兵们补发薪水的要求;并警告军队,如果他们坚持这些要求,将被视为"国家的敌人和扰乱公共秩序的人"。对此,军队法庭的一位律师反问道:"这些英勇的人,肩膀上依然保留着战争功臣的头颅,只因向高贵的将军和议员们谦卑地提出请愿(所有士兵依法都可以这样做),却被议会投票称为敌人和骚乱者。这是自造物主创世以来闻所未闻的忘恩负义行为……上帝会因为这些英雄的行为而惩罚谁呢?"

于此,独立派以及军队一致通过庄严协议:决不解散,直到正当要求得到满足为止。关键性的 1647 年,独立派及军队凭借这一协议正式介入政治。正如斯图亚特·帕勒所说:"英国人的保守天性和普遍深入民心的法律教育,使得他们必须为革命找到根据,即便仅仅是一个创新或者变更,也不例外。"[1]作为政治介入的先导,独立派和军队发表了一项针对议会决议的"反声明",并以正式法律文件的方式予以发布。这份法律文件的意义之重大,不仅在于它决定了英格兰政局直到 1688 年的走向,更在于这是一份英格兰宪政史以及人类法律史上第一份成文的"权利法案"或者"权利宣言":

1.所有人生而自由。

2.自然赋予人的才能是不平等的,一些人有才能而统治,而其他人则必须服从,因为应该由"睿智的人来统治无知的人"。

3.所有的正当权力皆来自上帝,上帝通过人民的同意将权力授予国王的政府(或者其他类型的政府),但上帝厌恶暴君,也就是拥有无限权力的国王。当条件允许的时候,人们可以推翻暴政的统治。

4.上帝只认可公正与理性的统治。事事都服从一人是不理智的,"因为睿智的人也不过是罪人"。

5.暴君除了通过征服,还会通过暴政压迫人民。早在诺曼征服之前,英国人自愿接受王权统治是因为一种国王必须受其约束的契约:君主制定新法律必须召开议会。国王没有义务一

---

[1] Stuart E. Pall, *The Agitation for Law Reform During the Puritan Revolution*, 1640—1660, 海牙,1966 年,第 6 页。

定要接受这些法律,但如果国王一次又一次地霸道专横而使人民处于危险境地,议会有权径直实施新法律。

老实说,从今天的眼光来看,议会激进派的这份文件并非民主文件,只是一份自由宣言;通过诉求前诺曼征服时代的古老英格兰,这份文件实际上重复了"诺曼枷锁"论,而这正是1642年议会军宣战时所秉承原则的起点。不过就17世纪的情况而论,这份宣言强调才能和财富,而非特权和地位的统治权,似乎也暗示着战争的结果将引导一个欧洲政体第一次脱离中世纪的特权世界。议会激进派很清楚,军队是自由尤其是宗教自由的最后一道防线,在国王从来不曾放弃斯图亚特家族特有的王权信念的情况下,军队实际上也是自由的唯一一道防线。而任务远远没有完成。独立派的领袖人物指出了当时问题的症结所在:"我们不得不依靠国王解决我们的和平和自由问题,恶国王则试图奴役我们,并向我们发动残酷的战争",这种情况实在是"可悲的经历"。为了推进自由,结束以所谓"官职、特权、身份、血统、财产以及出生地"为根据的社会原则,必须首先推进共和原则。这就是时局的要求,也是议会激进派和军队想要的东西。正是这一点成为了普特尼辩论的背景。

1647年11月,克伦威尔及其部将埃尔顿同议会激进派中的先锋派别平等派在普特尼的一个教堂中展开了一场辩论。交锋集中在埃尔顿和平等派的发言人瑞恩波拉夫之间。埃尔顿担心普选权会造成对私人财产的威胁,瑞恩波拉夫则即席发表了演说:"我认为英国最贫穷的人与最强大的人应该具有相等的生存权。严格地说,英国最贫穷的人不应该受到也没有任何理由去接受政府的约束……依照神的旨意和自然法，凡是在英国出生的每个人，不能也不应该被剥夺选择为自己制定法律的权利，否则我们连自己的生存权都会失去。"埃尔顿则坚持认为，如果那些在英国没有财产的人也享有投票权，那就等于将私人财产置于被剥夺的危险境地；瑞恩波拉夫对此则指出："我很想知道士兵们为何而战？难道是为了奴役自己，把权力交给有钱和有身份地位的人，以便使自己成为永远的奴隶而战吗？"

辩论的结果是将普选权赋予了除乞丐和仆人之外的所有成年男性，这意味着议会激进派将扭转陷入绝望境地的时局，从君主立宪原则正式转向了共和论原则。共和论原则的确立迫使问题推进到如何处置国王。克伦威尔此刻表现出犹豫和调停的模糊态度，并表示议会无权成立法庭审判国王。对此，士兵们直接诉求清教徒的宗教信念，指出了问题的根本："如果上帝要求我们与国王进行谈判，那么为什么国王总是屡教不改呢？"

尽管平等派由于其领袖人物过于执着的表现，对平等原则的持守几乎接近了李尔王般的疯狂程度，最终遭到清洗；但也正是由于他们在关键时刻所提供的新动力，最终促成英国将查理一世送上断头台，并在将近一代人的时间内脱离国王，在英格兰进行了一次伟大的共和政体的政治试验。保皇党对这段时期充满切齿仇恨，称之为"空位期"。不过，这也是英格兰宪政历史中唯一的一次共和政体试验，英格兰也正是在这段时期，实施了卓有成效的国家性的政策和战略，并真正取得了针对荷兰以及整个欧洲大陆的政治和经济优势地位。而在此前和此后直到 1914 年，英格兰便再也没有表现出这种"国家气象"。英格兰议会在此一时期表现恶劣,沦落为狭隘的财富阶层利益交易所和派系斗争的牺牲品,克伦威尔希望议会能够按照清教徒的良心运作,能够自动制定出良好的法律。很显然,议会本身做不到这一点,除非克伦威尔能够从伊丽莎白那里迅速学会操纵议会的复杂技巧,但诞生在莎士比亚时代的这些技巧很显然也违背了克伦威尔的清教徒良心原则。很快议会便遭到清洗和废止。议会在此一时期的失败记录成为 1688 年之后英格兰建立内阁制的先声。而英格兰在"空位期"取得的所有成就都应当公正地归功于护国公制度。

共和政体的实验在克伦威尔死后失去了方向,这一政体的往日支持者们迎回了查理一世的王太子作为英格兰的新君主。这可真是应了查理一世在走上断头台之前对王太子的叮嘱:"不要接受议会的王冠!"这也是一项君权神授论者所发出的历史性诅咒。然而,追究共和政体在克伦威尔死后即归于消散的原因,则需要近距离地观察。其中最根本者乃在于共和政体渴望平民政府,并致力于建立一个由虔诚而严厉的清教徒所组成的社会,这个社会无论在心理上还是在纪律上都将证明是强大的和刚性的。这也正是清教徒们为什么一定要砍掉查理一世这位欧洲最重视文化教育和戏剧享乐的君主的脑袋的最终原因。然而,这样的共和政体也如同伯里克利时代的雅典民主政体那样,被证明是一个在心理和精神上会使人筋疲力尽的结果。正如议会激进派的一位律师所总结的那样:"我们不是叛徒,不是凶手,也不是头脑发热的狂徒,我们是真正的基督徒和优秀的共和国卫士,我们信奉议会与军队倡议致力于实现的'圣洁、真理、公正与仁慈'。我们反对特权,追求普适的权利,我们为公共利益而战斗,要不是因为这个国家更热衷于奴役而非自由，我们本已建立起全民选举制度来保障所有劳苦大众的福祉。"

历来是由胜利者书写历史。在复辟之后的英格兰，更为公正的历史学家和法律界精英对共和政体这段"过去的美好事业"保持了长久的沉默。那些在很久之后才想起为克伦威尔正名的人，也只是借用克伦威尔对查理一世的尸体所作的评论来寻求告慰："这是必要的残酷。"然而，假如人们认为发生了 1647 年到 1649 年的那些事件足以构成一次精神上的飞跃，那么任何一个不怀偏见的人都将为此感到骄傲。普特尼辩论作为一系列事件纠结发展的顶峰，展示出绚丽的图景，参加辩论者并非那个时代的博学者，他们一方面穿越"英国人的权利"进而引导人类寻求"人的权利"，另一方面则诉诸上帝的意志和自身的良心。毫无疑问，是清教徒的宗教激情促成了"人权"的首次发现，并促成了一次伟大的政治试验；英格兰的下一次"人权"发现之旅则要等到一百多年后的潘恩时代。而潘恩未能在英格兰促成一次政治试验的原因在于，他错误地将"人权"溯源于人的"理性"，而非激情。普特尼辩论之后，英格兰"人民"的政治意志在贵族及商业寡头财富网络的钳制下从此湮没无闻。不过君主的日子也并不好过，因为财产取代了查理一世为之断头的君权信念，成为人间的神权。

促成这一点的则是 1688 年的宫廷政变，史称"光荣革命"。

二

"君权神授"观的没落

## 国王与议会之争

查理二世的回归顺应并满足了英格兰的心理需求,但并没有解决国王的法律地位问题,反而是重新引入了这一问题。如果说1640—1660年代的共和制和护国公制试验并非解决办法,或者说并非人们能够接受的解决办法,那么复辟之后的英格兰则必须再次面对国王和议会之间的关系问题。

1642年,国王和议会由于各自的强烈信念无法调和而走上战场。内战的教训和共和制的不祥经历,使得英国社会氛围走向宽和与功利,双方也不再对信念抱持强烈的看法。查理二世部分地继承了斯图亚特王族的特质,随意、宽大、好色,但不具备先王们对王权尊严的绝对感受。在一个财富观念逐渐瓦解宗教和政治信念的时代,查理二世既没兴趣强求宗教统一,也没兴趣非得在王权和议会主权之间分出高下。他的王朝充斥着莎士比亚式的慵懒和空洞的文化张扬的色调。在处理与议会的关系方面,他任命五名大臣作为国王的顾问,这五名大臣同时也是议会中的领袖人物,由他们负责从中联系和调解。严格来说,这是伊丽莎白一世统治惯例的模仿和延伸,所不同的是,查理二世的意图并不在于以灵活的态度和巧妙的手段操纵议会,而只是想寻求一种与议会的和谐关系。这种和谐建基于议会和王权之间的如下共识:查理将经常召开议会,议会也将批准给予他充足的财政入项;当然,查理尽可以相信王权的神圣性质,不过,假如议会不批准他所需要的财政款项,查理也必不会感到吃惊,也不必产生受挫感。作为这一切的基础的则是英格兰本身的繁荣和进步。

麦考莱非常精细且巧妙地刻画了复辟时代社会和政治氛围的总体特性：

心灵经由大革命之后的混乱而塑造起来的一代人，他们的特性普遍而言是截然不同的。自然哲学家告诉我们，热度会让空气稀薄；空气若变得稀薄，就会冷却下来。铸造革命的那种热忱同样如此，革命让人变得纯粹而狂热。我们谈论的这些政坛人物，无论他的自然禀性或者勇气是怎样的，他们的特性差不多全都是那种特有的轻浮、特有的不坚定。他们总是以一种轻松、冷漠的方式看待最严肃的问题，都倾向于将自己的路向交付运气和民意来裁定。他们的特有观念是认为一项公众事业同另一项公众事业之间不会有什么不同，而且他们也都抱持着一项坚定看法，认为与其去做最好事业的殉道者，不如去做最糟事业的雇佣兵，后者要比前者好很多。此种趋势在复辟之后的那一代英格兰政治家当中尤其明显。他们既没有查理一世支持者们的热情，也没有共和派的热情。他们早早就从旧日惯例和情感中解脱而出，然而，他们并没有获得对革新的强烈情感。他们习惯了看着周遭的古老建制在动摇、坍塌并沦为一片废墟，习惯了平均命数为十二个月的各种宪制之间的承接替换；因此，他们对任何规约都谈不上宗教式的敬畏，其心灵状态也绝非自然地生发于对超出记忆之古风和不可移易的稳定性的惯常沉思。相反，他们已经习惯了在一轮又一轮的改革当中见证人们的热切期望和随后的失望，习惯了见证那羞耻且迷茫的脸庞追随着鲁莽和狂热革新家们那放荡的许诺和预言,他们因此也都学会了对种种公共精神的宣言和种种改革图景报以不信任和轻蔑。他们有时也会讲述忠诚臣民的语言,讲述热情爱国者的语言。但是他们的秘密信条乃在于:所谓忠诚不过是一个伟大的幻象,爱国精神不过是另一个伟大幻象。假如说他们确实会有倾向,无论是倾向宪制中的君主制元素还是民主元素,也无论是倾向于国教派还是长老派,这些倾向都是非常孱弱且怠惰的。同他们的父辈不一样,这样的倾向无助于他们征服对放逐、财产罚没、死亡的恐惧,也极少有力量抗拒自私野心或者自私恐惧带来的最微弱冲击。这就是劳德代尔主义和哈利法克斯投机性共和主义的织物。政治荣誉感似乎灭绝净尽了。在世人眼中,对于公共人物之正直性的考验乃在于前后一致。这一标准,当然是有重大缺陷的,不过可说是实际标准中最好的了,当然,那些非常敏锐或者极为切近的观察家则会运用另外的标准。这一标准毫无疑问会使得世人能够对伟大人物的品性形成评判,只要这些伟大人物总体上没有背离正途。然而,在 17 世纪后半叶,善变已然不再是不光彩的事情,一个人不会因为善变而遭受嘲笑,就如同一个黑人在廷巴克图不会遭受嘲笑一样。没有人会羞于承认自己和整个民族之间的共性。在历时 7 年的这段短暂时期,人们已经见惯了最高权力不停换手,先是长期国会、军事委员会、准国会,而后又是军事委员会,接着便是依据《政府约法》进行统治的护国公、依据《谦卑谏议》进行统治的护国公,再往后又是长期国会,此后则由军事委员会第三次掌权,紧随其后的是约法国

会,最后则是国王。(麦考莱:《论威廉·坦普爵士》)

1670 年,需用钱的查理向路易十四寻求帮助。作为回报,两位君主签订了秘密协议,查理答应尽量使英格兰天主教化,并支持路易十四针对低地国家的扩张和征服政策。此举的政治失误不在于抛开议会另谋款项,而在于查理低估了英格兰人的宗教情感,他似乎没有意识到,英格兰尽管已经成功地经历着商业化,并开始转化为后世拿破仑所谓的"店主的民族",但是宗教战争的经历不但充满血性,而且创伤更为深刻。在相当大的程度上,此一时代的英格兰民族性乃取决于新教信仰,并与法国、西班牙这样的天主教国家势同水火,商业利益则更是与新教情感紧密结为一体。查理与一个天主教君主的秘密协议无疑严重侵犯了英格兰的民族情感,路易十四作为当世人所共知的专制象征,促使英格兰人担心查理将要重蹈其父的老路,妄图在英格兰创建一个天主教王朝。劳德和斯特拉福德的先例使得这一切绝对无法为英格兰财富阶层所容忍,并激发出歇斯底里的宗教激情。下院提出"排斥法案"规定继承权不得给予天主教徒,查理的反应是立刻解散议会,避免法案成为法律。双方第一次针锋相对。麦考莱的一段评述颇能反映那一时期的"辉格党情感":

　　尽管查理偶尔也会精神迸发,偏离到睿智且尊严的政策轨道上,不过他的心却一直都是同法国联结在一起的;而法国则竭尽全力地将查理诱惑到正常的轨道上。查理不具备对事情进行掌控的耐心,加之他的贪财、好色、家庭情感以及他所有的品味和感受,这一切都使得法国有机会极其娴熟地对查理进行操控。他的心腹内阁如今已完全由那一代人中的典型人物把持,这样的人物也只有那一代人能够造就。这些人的禀性当中有那种胆大妄为的放荡,我们时代的变节者和投机家们往往会对这样的人物报以颇为仰慕的绝望感,这样的绝望跟我们的雕刻家们在构思忒修斯或者我们的画家在构思漫画之时所抱的那种感觉是一样的。在那个黑暗笼罩着的小圈子中,成为这个国家自由和宗教的真正的、死心塌地的和致命的敌人,乃是一项颇受敬重的荣誉,这样的荣誉只可能归属于那个胆大包天且鲁莽冲动的克利福德。他周围的那些人,他们全部的信条和品质同他都是一样的:同等地乐于宣示对日内瓦、坎特伯雷和罗马的信仰,同等地乐于成为权力工具而没有任何忠诚感,乐于成为叛乱的煽动者,而对自由谈不上任何热情。(麦考莱:《论威廉·坦普爵士》)

1685 年詹姆斯二世继位的时候,可谓时运不济,正值路易十四废除《南特敕令》之际,英格兰人对天主教的根本性恐惧成为摆在面前的政治事实。对文化教育见长,但对宗教缺乏敏感,这从来都是斯图亚特王族的老毛病。詹姆斯二世任命天主教徒担任公职,并宣布宗教信仰自由,试图将统治基础扩大到天主教和新教激进派阵营,此举激怒了议会。1688 年詹姆斯获得了一个男性继承人,一个天主教王朝似乎有了保证。议会连同财富阶层的一群首领人物采取果断行动,驱逐詹姆斯及其天主教家族,将王权交给詹姆斯信奉新教的女儿玛丽,并邀请玛丽的丈夫荷兰人奥兰治的威廉为英格兰国王。发生在1688年的这次事件将许多英格兰人置于得不到答案的困惑之中,甚至像大卫·休谟这样头脑如此清澈之人也不例外。人们不明白议会凭借什么权利剥夺或者赋予王冠,假如议会的这种行为是合法的,那么合法国王的概念又到哪里去寻找呢?于是一些激进的保守派试图引导人们弄清楚合法国王的概念。历史学家们至今仍在争论1688年事件的性质,它究竟是一场简单的宫廷政变,还是一场带有社会性质的革命。无论是赞同者,还是反对者,都绝少从合法国王这一概念本身在1688年事件中所遭遇的彻底颠覆去寻求答案。当年的议会给出了折中性质的解释:詹姆斯二世并非遭遇去位,而是自动退位,为了不至于发生空位问题,在国王离去之后将独自占有英格兰最高权力的议会不得不召请奥兰治的威廉。这样的解释没有自圆其说的可能,却赢得了英格兰绝大多数人的满意之情。这是英格兰政治的重心以及最高权力正式向议会过渡的明确标志;同时,也显现出英格兰政治对于稳定和成熟的决心。一种清晰可见的妥协意识从1688年遭遇政变的宫廷诞生,并越过温莎和威斯敏斯特的大墙向全社会扩散。英格兰人此刻懂得了从边缘上退回一步的道理,首要的是要达成一种共识,而不是冒险为双方中任何一方所坚持的激进信念提供实验场地。有人说这是英格兰"政治成熟"的标志,也有人认为这是英格兰政治没落的标志,孰对孰错则殊难定论。尽管如此,出自麦考莱之手的一项评述还是揭示出主要的实情:

> 必须记得,那个时候以及随后80年间,英格兰政府一直处

在变迁状态。这场变迁，尽管掩盖在古代的名称和形式之下，却也同样真实且范围广泛，而且从没有停止过。宪政理论，也就是有关那些确定三大立法分支机构之权能的根本法律的理论，在伊丽莎白时代和威廉三世时代之间并未经历实质上的变化。在这个问题上，17世纪那些最出名的法案，诸如《请愿法案》《权利法案》，都纯粹是宣示性质的，不过是英格兰古老政制的独奏。这些法案并没有建立起自由政府，并将之作为有益的改进，而是将之视为一项无可置疑且超出记忆的遗产。不过，不容怀疑的是，在我们所谈论的这个时期，王国各个阶层之间的关系经历了一场实实在在的整体变迁。法律文字也许可以保持原封不动。不过，在17世纪开启之际，王权事实上占据着决定性的主宰地位；17世纪结束之际，议会，尤其是下院的权力，则占据了事实上的主宰地位。那个世纪开启之际，王权对议会的明确特权构成了恒久的侵夺，没有遭遇反对或者极少有反对。那个世纪结束之际，议会实际上已经在最大程度上吸收了原本归属王座的特权。君主仍然保留着都铎诸王尚享有其实质的那个权威的影子。国王拥有立法否决权，不过他绝无胆量动用这一特权，国王有权任命大臣，不过下院的一通演说就可以随时迫使国王放弃任命，国王拥有宣战权，不过若没有议会的支持，战争恐怕一天都维持不下去。议会两院已经不再是纯粹的立法会议，也不再是纯粹的阻力机构。他们已经成为了庞大的枢密院，议会的声音，一旦大声并坚决地宣示出来，在内政和外交的所有问题上都会是决定性的。议会可以通过谏议这一渠道对全部政府体制发起干预,这样的谏议实际上就是命令;假如议会放弃对某些行政部门进行干预,那也完全是出于议会自身的克制,或者说是出于对大臣们的信任。一个帝国的真实构造能够经历如此完整的变迁,但理论构造却没有任何相应的变迁,这样的情形在历史上可说是独一无二的。在奥古斯都漫长的执政期内,罗马共和体制也在掩饰之下向着专制君主制演变,那可能是最为切近的平行事例了。(麦考莱:《论威廉·坦普爵士》)

此种共识在本质上体现为如下原则:最高权力归属议会,国王在被统治者同意的情况下进行统治。为了确保政变果实,政变者汲取1640年代议会派的教训,又迅速将想要表达的政治意志以《权利法案》的形式呈现出来,使之成为现代英格兰宪政的基础。此举足以显现英格兰财富阶层之手段的果断和老辣。《权利法案》的主体内容包括:1.立法权归属议会,国王无权废止议会法律;2.每三年召开一次议会;3.议员的选举和议会辩论不受任何限制;4.许可"那些信奉新教的臣民们根据他们的实际情况和相应的法律要求武装保卫他们的信仰",这意味着可以武力对付天主教徒。司法权在《权利法案》中呈现出走向独立的雏形,"当表现良好时",法官职务将不受环境影响。这为英格兰宪政的权力规划体系增添了新的要素,要知道,司法权在1688年之前并未在英格兰宪政的权力体系中占有常规的、值得人们认真对待的位置。人们普遍认为这是针对斯图亚特王朝的专制主义而发,但很少有人注意到,在同等程度上,这也可能是针对内战年代清教徒的法律激进主义而发的,财富阶层根本承受不起清教徒在革命年代为取代治安官体系并照顾穷人利益而普遍建立的革命法庭。1640 年代的革命者通常依据《福音书》的精神来解释法律的位置,其中绝没有任何关于司法独立的设想,革命者的一位律师在为法律职业辩护时评论说:"无风不起浪。稍有政治常识的人都可以预见到,一场全社会反对我们律师和法官的暴风骤雨正一触即发。唯一能避免这风暴的方式就是主持正义和人民的权利,在这艰苦的岁月中有效率地为穷人断案并分文不取。……让我们虔诚地追求真理而非眼前的胜诉……让我们永远都不要在法庭上说我们自己都不会认为是真实的话。如果当事人告诉我们他们没钱,就让我们免费为他们提供服务。那时,我向你们保证,议会和王国都会是我们的担保者:人民会很快认可我们的作用,忠诚的律师是国家必不可少的一分子。如果我们给穷人带来烦恼和麻烦,那么请相信我,国家会因为我们而堕落,就像以前因主教团而堕落一样。"1688 年的人们在寻求司法的独立地位并据此重新阐释法律职业时,所要做的正是消除内战年代渗透并支配法律职业的这种福音书精神。他们将革命者的正义和权利诉求视为原始激情的暴力海洋,而司法独立则相应地作为与之对抗的孤岛英雄。就效果而论,对司法独立的诉求实际上肢解了所有非议会的人民集会的法律基础。而这一法律基础对于此前时代的中世纪生活和此后民主政治时代的现代生活来说,却又是何等重要。

令人感到奇怪和意外的是,《权利法案》并没有认可,甚至没有提及内阁制,而内阁制却正是现代英格兰宪政的神经中枢,唯一可能的解释并非政变发动者的疏忽,而是他们的精明。《权利法案》所达成的本质性目标乃在于废除曾构成 1660 年王政复辟之基础的世袭权，取而代之的则是通过议会而获得表达的民意。但是在某种程度上，内阁与议会的关系具有双重且交织的面相，内阁制既可以意味着对民意的表达，也可以意味着对民意的操控。要划分表达和操控之间的明确界限，既不可能，也无益处。《权利法案》的起草者们在这个问题上展现出一种马基雅维利式的精明和圆熟，目标既已达成，便没有必要在有可能引导人们走向极端的理论问题上节外生枝。

### 洛克的契约论

1688 年政体的形式方面经过孟德斯鸠的赞赏和转达而名满天下，但孟德斯鸠未能真正了解 1688 年政体的实质。要深入 1688 年事件的实质，需要一副较之孟德斯鸠更为机敏也更为务实的头脑。为此，我们需要转向 1688 年事件的最透彻辩护人约翰·洛克。洛克所处理的乃是政治权威之各种功能的逻辑分析，而不是将实施这些功能的三种机构进行分立（或者联合）这一实际问题。在区分政治权威的三种功能时，洛克仅仅评论说，在实践上，"立法权和执行权通常是要分离的"，这并不是因为两者在形式上代表两种不同的政治权能领域而不惜分离，而是因为前者并不总是处于会期当中，而后者则一直都处于行动状态。此一论述实际上意味着并不总是处在会期当中的立法机构与总是处于行动状态的执行机构之间的区分。不过，这种区分则并非像孟德斯鸠所认为的那样，建基于不具备本质性的形式原则，相反，两种权力之间的区分仅仅是以实际操作方面的持续性和不可持续性为基础的。洛克的作为"最高权力"的立法权理论并不能与权力分立观念取得一致,而人们则一直追随孟德斯鸠的启蒙思路,错误地认为权力分立乃是自由所必需的。从总体上来说,洛克相信一种统一的和单一的主权,此一主权直接赋予立法机构,不过就其终极意义而言,则是赋予共同体本身的,尽管洛克也承认,"赋有执行权的单一人格如果也能参与立法权,那么在非常宽泛的意义上来说,也可以将此一单一人格称为最高的"。不过这只是一种防御性的表达,受迫于当时的英格兰状况,随后便很快得到限制和调整;并且洛克也匆忙补充说,"如果将执行权完全赋予一个同时也参与立法权的人格,那么此一执行权就显然要服从于立法权并向立法权负责"。

洛克使用了"信托"这一概念,而非契约观念,来解释"服从"问题。所谓信托,乃是一种在总体上专属于英格兰法律的概念。信托并非契约,委托人并不与受托人形成契约关系,也不与受益人形成契约关系。如果将政治权力视为一项信托,那么就可以得出结论,主权者并不与人民形成契约,人民与主权者也非契约关系。将信托应用于政治领域,便意味着无法再运用契约理论来解释服从问题。我们可以说,洛克并没有将一种契约式的位置给予主权者,也没有给予被统治者。因为一旦赋予双方以契约式的位置,就有可能也赋予双方以权利以及对各自权利的固定信念,这种权利必定会由契约中生出,而这正是招致 1640 年代政治灾难的根本原因所在。洛克对服从问题的解释同休谟的解释如出一辙。休谟指出,对于国家的服从责任不能建立在契约这一基础之上,因为我们祖先的承诺已经死亡,不再约束今天的我们,而所有人生而自由的假设,以及人们只是凭借自身的承诺而成为国家成员的假设,都与经验相矛盾。每个人都自感是有义务在身的,这是一桩无需进一步质疑的事实;人们继续留住在国家当中,这并非出自他们的自由选择,因此不能将之解释为同意。服从责任的真实法律根据乃在于这样的事实,即,我们都感到服从乃是责任,诸如不服从和野心这样的原始本能,已经因为逐渐意识到社会若失去服从则无法维系这样的事实而得到限制。

社会契约论以及人权论的最强有力创立者与此一理论的最强有力反对者,在服从问题上以及英格兰政体之本质的解释方面可谓殊途同归,这一点并不让人奇怪。作为1688年自由英格兰革命以及代议制政府的辩护者和代言人,洛克比任何人都看得更透彻:1688年事变实质意义乃在于经济自由和政治自由、经济意志与政治意志之间的密切联系;1640年代的人们由于对两者之间的关系持有分裂的看法,往往在经济意志和政治意志之间以忽略其中一方为代价,从而最终走向另一方面的极端,正是这种极端心态使得抽象的人权原则和宗教信念获得了介入政治的空间。既然问题的根本已经凸显,实践上的解决之道已经以政变的方式得以施行,那么要做的工作便是从理论上证明:将经济上的自由、私人财产同政治上的自由联系在一起,并将二者等同视之,这是合法的,也是"自然"之道。

洛克将《政府论》颇富心机地分为关联度并不是很大的两篇,乃是为了证明1688年事件确实构成了一场针对王权的"革命"。不过这场革命之所以不具有革命本应具备的激进色调,乃是因为它的本意并非民主革命。它将最高权力置于议会之内,从而一劳永逸地解决了作为根本问题的立法权归属问题,而代表议会的则是上层阶级。

它在形式上创立为世人称道的立宪君主制度,实质上则是开启了贵族和寡头统治的时代,绝大多数英格兰人并没有获得政府中的或者针对政府的发言权。依据洛克的逻辑,对此的解释是非常明确的:这是因为绝大多数的英格兰人还不具备经济上获得自由的能力;尽管洛克非常谦逊地将经济自由的能力称为"思考能力"。洛克的此种思维则正式成为英格兰财富阶层的主流思维,并经过启蒙运动强大宣传手段的渲染和包装进而在欧洲大陆也同样获得主宰地位,直到1914年才遭遇在战场上成长起来的一代人的决定性挑战,才最终作为一个政治原则而走向没落。1647年,新模范军的指挥官在评价已经激进化的军队时说:"他们跪在地上,虔诚地祈祷,起身进餐时,面容已经不再悲伤。上帝通过伟大的精神影响了祷告者,给予他们甜美的回报。马蹄声和欢呼声交织在一起,他们坚定一致地要与人民的正义和权利同生共死。绝大部分的士兵在走上战场之初,乃是为金钱而动心,如今与正义和自由比起来,金钱已形同尘土。我相信同这支军队作战的下场将是自取灭亡。"站在敌对双方的角度上,这段评论道出了内战年代的实情,让洛克极度敏感和戒备的也正是这种"金钱已形同尘土"的政治自由,上帝的直接启示肯定背离了洛克对"思考能力"的定义。

　　这也正是1688年革命的创造者们对抽象权利的关心程度远远比不上对空位王座的关心程度的真正原因所在。正如麦考莱所论:

　　　　革命创造者们的行动原则是非常清晰的。他们完全意识到,英格兰制度需要改革。不过他们也很清楚,假如他们能够通过一项庄严协议,将议会和王权之间延续了几代人的争端一劳永逸地解决掉,那么他们实际上也就赢得了一场关键战役。因此,他们极为慎重地避免将"何谓法律"这个既能刺激人又令人困惑的问题,同现实中的"法律是什么"这个非常直白的问题,混杂在一起。关于《权利宣言》所确立的那些主张,实际上没什么可争辩的余地。辉格党和托利党普遍同意将赦免权和税收权归于王权乃是不合法的。因此,这方面的条款在几天之内就完成了调整。不过,假如议会决心修订整部宪法,并对恶政提供新的防范举措,而后再去宣布何人应当继承王位,那么将会有好几个月的时间消耗在争论当中。若如此,则辉格党和托利党一度拯救了国家的联盟顷刻之间就会瓦解。辉格党将会同托利党陷入争吵,上院会同下院陷入争吵,国教会也会同异端教派陷入争吵;种种冲突的利益和冲突的理论势必会围绕着空缺的王位而肆虐奔涌。与此同时,大陆上那个最强大的国家则会对我们的盟友发起进攻,并且还会图谋登陆我国。邓迪已经在高地聚集人马了。爱尔兰方面仍然承认詹姆斯的权威。假如革命的创造者们真的如此愚蠢,采取了上述的做法,那么卢森堡的军队定然会在制宪期间就降临到他们头顶。路易的火枪队也很可能在他们就费尔默和西德尼的理论进行论辩之时,便闯入议会大厅打断他们论辩,将他们发配到伦敦塔,让他们在那里二对二地建造他们想象中的君主国和共和国。我们自己这个时代就见识了不少此类愚蠢行为所造成的后果。我们见证了一个又一个民族遭受奴役,究其原因乃在于自由的支持者们在抽象问题上空耗时日,他们本应当将这些时间用于筹备强有力的国防举措的。很显然,这位编辑很希望 1688 年革命像我们时代的西班牙革命或者那不勒斯革命那样收场。感谢上帝,英格兰的这批拯救者同西班牙和那不勒斯的那些立法者们完全不是一类人。在众多问题上,他们所持的观念如放在 19 世纪,将无法称之为自由。不过,他们都不是爱做梦的迂腐之人。他们都是对重大事务已然非常精熟的政治家。他们的改革计划并不像卡迪兹的立法者们那般包罗万象;不过,他们所计划的东西都得到了实现;他们实现了的东西,也都经受住了来自国内和国外的最强烈冲击。(麦考莱:《论詹姆斯·麦金托什爵士》)

## 抽象人权的困境

英格兰宪政的这种寡头状态(尽管寡头执政的范围时而扩展,时而收缩)一直持续到 1832 年,不过更多的人则认为是持续到 1914 年。18 世纪和 19 世纪的辉格党人夸大了在 1688 年取得胜利的契约论的连贯性和完整性,同时也尽量掩盖了其中的矛盾、紧张和冲突之处。但洛克理论的解释力持续数个世纪之久,并未从总体上遭受损害。新政权的信誉确实是以议会的立法权名义及其权利为基础的,所依赖的乃是一种或明或暗的、不容易分辨的默契,即,财富阶层最终会准备好为议会的立法行动和其他一切特别行动买单。无论议会的最高权力是获得表达还是受到操控,如果立法权不能时刻谨记它必须与财富阶层及其代表密切合作,那么洛克称之为"社会契约"的这种默契则是根本无法达成的。议会主权以及整体的国家财政所涉及的一切事务,都建立在这种把一个并非合法的王朝同金融界和商业界的最强大势力联系在一起的基本利益关系之上。在 17 世纪上半叶,无论是斯图亚特王朝的君主们,还是护国公时代的克伦威尔,都可能认为议会要么是中世纪不合时宜的残留物,要么是腐败盛行的机构,它不但会阻碍有效的君主政体,也会阻碍必要的国家治理行动,如果彻底摒弃议会,反而会给更多的人带来普遍的福利。这一切在 17 世纪的结尾处得到了扭转。18 世纪的政治家和思想家们考虑的问题将不再是如何取消或者压垮议会,相反,他们不得不考虑如何操纵议会,操纵议会的技巧成为 18 世纪和 19 世纪政治家成败和素质的评判标准。尽管没有哪个真正的英格兰政治家会从内心里信服而不是嘲讽这一标准,但这一标准本身还是由于英格兰并非不靠运气的商业成功而接受着全世界的羡慕和争相模仿。

1640 年代的一位议会革命派成员在其事业灰飞烟灭之时评论说:"我们的事业和信条自有其天赋的真理之光,在人们的共识中更会放大光芒。虽然我们失败了,真理仍将成功,而我们的后代将会收获我们努力的成果。"[1]这话只说对了一半。在英格兰,自从洛克将最高权力置于议会之内,财富阶层所编织的私人财产权网络便终结了所有的政治激进主义,《权利法案》所规定的议会法律不可违抗的

---

[1]  以上第一章和第二章英格兰部分引述的所有公共辩论及议会文件均来自 C. Stephenson and G.F.Marcham, *Sources of English Constitutional History*, New York: Harper&Row, 1937 年,第 450—601 页。

原则,也获得普遍认可,最终成为布莱克斯通《英国法释义》的首要原则。但无论如何,洛克理论所呈现的完美形态却建基于对一个根本性问题的回避之上:假如人民大众丧失了1640年代那样的反抗权乃至弑君权,那么抽象的人权将如何成为普遍的? 如果人权不能成为普遍的,那么它还能称之为"人的权利"吗? 正如麦考莱所论:

政治躯体就如同自然躯体,各个器官所对应的感觉功能往往同这个器官实际所在的位置大异其趣。一个人若是被砍掉大腿,很可能会感觉脚趾很疼。同样的,在上一个王朝的早期,人民往往将自己的不满归因于实际上已经有效消除的那些冤诉。在人民的想象中,特权的力量对宪政来说是过于强大了,因此而使得革命时期的诸多原则遭到抛弃,并且觉得斯图亚特体制复辟了。任何人只要没有偏见,都必须承认,此类控诉是没有根据的。第一代辉格党人想必会满心愉悦地思量着米德塞克斯选举问题上的政府行为。他们想必会认为那是自由事业的一场辉煌胜利,毕竟国王和贵族院应当将相应的那部分立法权能让给下院,没有下院的同意,米德塞克斯的选举便是无效的。这一点,柏克确实很清晰地感受到了。他说:"下院致力于以这个国家的其他等级为代价,为平民大众获取新的优势地位,为此,下院采取了强有力的举措,因此,即便称不上公正,至少也是很自然的,各个选区当然应当顺应下院的议程;因为我们自己就是最终的受益者。但是,在代表们同我们自己发生争斗之时,若我们被敦促选择服从,而天平上的东西全部是我们的东西,那么他们就会把我们想象成小孩子,并告诉我们说他们是我们的代表,是我们的血肉,并且还告诉我们说,他们给予我们的一切囚服都是为我们好。"这些句子事实上包含了对这个谜团的完整解释。17世纪的冲突乃是议会和王权之间的冲突。18世纪中期开启的这种冲突,则是大批民众同王权和议会之间的冲突,这一冲突至今仍然悬而未决,我们的子孙后代很可能还会为这场冲突而走上战场或者承受苦难。(麦考莱:《论哈勒姆》)

正是由于普遍人权无法在政治和经济方面得到伸张,才导致了财富阶层急速的商业成功和繁荣与占人口绝大多数的贫困阶层中的宗教救赎精神,在英格兰如影随形般地并存了数个世纪之久。其中表现突出的循道宗一直活跃在生活于法律边缘的非国教徒集中地区,把穷人在政治和经济方面的绝望感引领到充满情感和神秘色彩的虔诚轨道上来,将民众对贫穷和痛苦的承受推进到救赎的意义之境。各新教激进派在财富阶层所激发起的这种历时长久、普遍而又混乱的恐惧,充分触及了社会的痛处,直指英格兰宪政信仰中令人尴尬的缺陷。然而,这种缺陷并不仅仅是一种通常意义上的可以加以纠正的缺陷,其意义也并不仅限于英格兰宪政结构,毋宁说,此种缺陷乃扎根于人类自身本体性的生存结构当中。换言之,假如这个世界足以自立,而并非完满宇宙链条的一个必要环节,抑或假如世界本身并非如财富阶层的自然神论所设想的那样,是一种斯宾诺莎式的理性实体,经由"有机"或者"文明"诸原则而获得进步空间,而是一个充满断裂和奇迹之可能性、并经由命运和神意直接进行干预和调节、人自身的理性能力对之则无力完全认知,那么就不难搞清楚,英格兰1688年宪政所道出的不过是人类生存结构中极其可怜的一小部分。相比之下,1640年代现代权利的淬火期竟然显得如此独一无二。当人权所象征的光明势力同清教徒所代表的深渊中的黑暗力量必然联结在一起之时,正如弥尔顿诗篇中那跨越地狱和天堂的撒旦一样,无疑会令很多在秩序和日常情感的道德世界中变得萎靡不振却又自诩纯洁的心灵感到恐怖。麦考莱评析班扬的结语也正可用于评述这段现代权利观念的诞生年代:

> 班扬此人,无论活在哪个年代,他的情感历程都绝对是非常奇特的。然而,命运为他注定的这个年代正值人类心灵经历伟大激荡的时期。公众情感因等级暴政而如同火山一般喷发而出,威胁着要毁灭那古老的宗教体制。接替那个不宽容教会所奉行的阴郁规章的,乃是无数教派的放纵行止,人们迷醉在新自由所提供的甜蜜且令人眩晕的甘露中。狂热,因迫害而生,并注定了要进一步铸造迫害,此种狂热迅速传布整个社会。即便最强大、最富有支配力的心灵也难免这种怪病。任何时代都可能产生乔治·福克斯和詹姆斯·内勒这样的人物。不过,一个像范恩这样的政治家的狂热幻想、一个像克伦威尔这样的士兵的疯狂泪水,则只属于一个时代。(麦考莱:《论班扬》)

1640年代的革命者凭借坚不可摧的良心原则和荣耀上帝而非人类自身的卓越信念,以鲜血浇铸了有关人权的"真理之光",而收获其果实的却是一个半世纪之后的法国大革命。

三

人权斗争的果实：1789 年法国大革命

## "陛下,这不是骚乱,这是革命!"

当 1789 年的事件发生的时候,路易十六的大臣提醒这位即将走上断头台的善良但缺乏明断的君主:"陛下,这不是骚乱,这是革命!"

如此条分缕析地在"骚乱"和"革命"之间作出区分,正是 18 世纪启蒙运动所培养起来的特质。这种气质的特征就是不厌其烦地要求观察、分析、论证,并强求世上一切事物均须按理智运作。老实说,这是一种柏拉图式的纯思维工作,一种个体针对自身的锻造工作;理念,比如说类似"真正的苏格拉底""真正的柏拉图"这样的东西,并非他们的身体,而是他们的灵魂。与此类似,笛卡尔以纯粹的思想取代灵魂,使之成为这种自我锻造的基础。依据此种思路,就毫不奇怪除了卢梭之外的启蒙家们,几乎一致地将旧制度时代的法国农民描绘得如同畜生甚至野兽一般,不具备理性能力,游荡在城市和乡村,抢夺着财物和权力。因此,毫不奇怪,重农学派所谈论的农民并非社会底层的小农,而是拥有可再投资资本的农民企业家。卢梭在《社会契约论》中已经尖锐地意识到这两群人之间为了争夺权力终将发生带有终极性质的冲突,而他本人则自感像一道不可能更孱弱的界板那样,岌岌可危地树立在两者中间的某个地方。对农民和法国大批的无产者来说,问题本身不具备理性色彩,压倒一切的想法就是彻底成为自己的一份土地或者财产的主人。因为这意味着经济和生存的依靠,其次才会意味着经济上的自治以及与贵族平起平坐。但是在启蒙家和贵族结合而成的上层精英集团那里,纯经济上的要求退到了次要地位,他们希望争取的是一种哲学上的整体性和同一性,是一

种得到明确定义和限定的自由和平等人之间的权力行使规则,他们
希望以尽可能精确的方式解决这一问题。为此,百科全书派的启蒙
家们最终的期望和努力方向便是在精神革新的层面上,通过类似百
科全书那样一系列的科学陈述,而非通过诗歌、戏剧或者修辞学方面
对人类情感的激发,去赞赏人类自身的事业。对于后者,启蒙家们通
常视之为"欺骗";启蒙家们无法接受欺骗、说服以及激情的力量,在
他们看来,这一切代表着他们同样无法接受的暧昧领域,而真理则被
定义为同一性的绝对,从根本上就排斥模棱两可。在启蒙家们二分
法的世界里,真理将彻底摆脱欺骗的色彩。

然而,假如我们将法国大革命的纪念重点放在自由主义的精英
集团身上,也就是放在批评性分析、清醒的理智评判之上,那就等于
过度强调了理性与民主之间的关系。同样,将人权全然建基于人的
理性能力之上,也势必导致人权自身的消亡。卢梭较之任何启蒙家
都更懂得人间事务的纠结和复杂。正如他在论述财产权以及作为财
产权的统治权之起源时所评论的那样,财产权的确立必须是两方面
条件之间的结合,一方面是占有的能力和行动,另一方面则是要进行
说服,使人们信服此种能力和行动的合法性,此即"欺骗"。卢梭将
"欺骗"所代表的晦暗不明的世界重新引入启蒙家们的理智世界,这
激起了启蒙家们所代表的自由主义精英集团的根本性愤怒,并引发
了不可能结束的争吵和攻击。这恰恰成为了一种象征,预示着同样
的斗争也将出现在法国大革命的现实舞台之上。但无论如何,事实
将依然是:在法国大革命中,一系列的诗歌和宗教手法所激发的人类
激情熔铸成为巨大的力量,这种力量不但是国民议会的基础,而且每

每在危难时刻挽救了革命,这样的效果是自由主义精英集团政治家们任何审慎明辨的政治决定都无法达成的。

相比之下,对于启蒙运动的理性诉求将要在现实世界中遭遇的挫败,爱尔维修在1771年临死之时就早有预感。作为最坚定的启蒙者,爱尔维修可能也最不能理解人类的生活及其运动就如同神话中的欧律狄刻,一旦见到"光明",就会立刻变为石头,并消失得无影无踪。在这个意义上,发生在他身后的法国大革命也正是一个神话。在他死后出版的《人论》的序言中,悲怆的语调灌注在他对国家和人类的无望感当中:"在一切民族的历史中都有些时刻,人民不知道在善和恶之间何去何从,徘徊不定,因而感到一种受教育的愿望。这时,我们可以将其比之于准备好了的土壤,真理的露珠可以很容易地渗透进去。在这样的时刻,出版一本有价值的书可能引起最可喜的改革。但是当这样的时刻一旦成为过去,整个民族就会对即使最善良的动机也无动于衷,而且,由于自身政权的性质,会愈来愈深地陷入无知和愚蠢的状态中。那时,理智的土壤就会变得坚硬而不可渗透,甘霖可以普降,但只能湿润土壤的表层,却没有希望肥沃土壤。这就是法国的现状。"

路易十六继位之时,浑身充溢着末日君主所特有的气质,不管古典主义的博学家们如何极尽吹捧之能,将他刻画成一个类似希腊人或者罗马人那样威严、自信的统治者,都不能掩盖他羞怯、优柔寡断、心地善良的天性。他在暴风雨的革命进程中所采取的一切行动屡屡铸成大错,将他的王朝推入无法挽救的深渊,摔得粉碎,最终又让自己和王后遭受了断头之痛。这对已经疲惫不堪的路易十六个人来说，可能是一种解脱，甚至是一种拯救；但对整个欧洲的君主制度以及天主教体系则是一记沉重的打击，欧洲也正是由此不得不走上通往现代之路，再也无法回头。然而，这一切都只能归因于路易十六的天性，而非启蒙家们所认为的那种无知；路易十六太了解他的王朝正在面临的危机了。

路易王朝面临的首要危机便是财政问题。对旧制度怀有同情的历史学家们往往将直接引发大革命的财政问题，归因于法国在北美独立战争期间过于庞大的军费开支，以及法国在南美一系列殖民地尝试中遭受的失败，不过偶然性的外在原因只道出了很小的一部分真相。造成财政亏空的主因在于王朝自身。重农学派在将近两代人的时间里极力推行单一税制，但旧制度下法国社会的骨架却是由各等级、团体和教派的特权以及豁免权所构造的严密网络，君主政体的"基本法"，也就是我们今天所谓的"宪法"，正是由这些特别的权利支撑起来，并反过来保护这些特殊权利。尽管国王在理论上拥有绝对权力，并高于"基本法"，但此一原则的运用则要视君主个人的情况而定。路易十六并没有继承先王们的铁腕特质，亨利四世或者路易十四的血并没有在他的血管中流淌。他本可以通过诉求平民从而获得针对贵族和中产阶级上层的钳制力量，至少部分地推行单一税；或者宣布国家局部破产，从而迫使放贷者和投机家们大量减少甚至取消债务，这实际上是西班牙以及都铎时期英格兰国王的传统做法。两种方式中的任何一种都足以挽救法国财政的危局，但路易十六几经犹豫和反复，最终没敢动手。原因是双重的，一方面在于法国和英格兰不同。自诺曼时代以来，英格兰国王可以随时通过议会进行借款,议会通常也会采用实用的合作态度,以换取特权,国王至少在法理上是可以这样做的,诺曼王朝之后,英格兰社会的特权体系就是通过国王自上而下的中央集权式的分封而逐渐确立并扩展起来的。相比之下,法国在这方面则存在巨大的社会困难。法国的特权网络早已成熟并凝固为"基本法",传统的贵族通常会以自下而上的眼光来看待财政问题,并不将国王视为财政体系的金字塔顶端。1780年代,大批的中产阶级由于前一时期的经济大扩张而聚敛起大量投机性资本。这些资本迅速进入以"基本法"为支撑的法国财政体系,当大革命到来的时候,自由主义精英集团实际上已经从财政上绑架了路易的王朝。另一方面则是路易本人的柔弱寡断、不擅操劳的天性。两方面加在一起,使得路易一旦面临需要挑战"基本法"的问题,便立刻显示出进一步退两步的胆小怕事,此种做法既勾起自由主义精英集团的警惕和敌意,又无法获得任何效果。同时,自由主义精英集团为了保证巨大投机资本的预期回报,则迫使政府只能使用质地优良的金币,从而无法通过货币贬值来寻求解决之道;在王朝可控的范围内,这最后的救助手段也遭到扼杀。

　　唯一的办法就只能是增加税收。增加税收的前提就是彻底变革已经陈旧并过时达一个半世纪之久的税收制度。然而,此时的法国社会在经历了前一阶段的空前大繁荣之后,利益格局已经分裂并碎片化,任何微小的变革都将牵一发而动全身,影响到所有人的日常生活,这已经完全超出了君主政体的可控范围。1789年,路易十六决定召开已经中断将近两个世纪之久的三级会议,以便寻求救亡之策时,并不知道此刻三级会议的利益结构早已今非昔比,他实际上亲手打开了招致自身灭亡的"潘多拉魔盒"。托克维护评论说，一个坏政府最危险的时刻是它尝试变好的时刻；而近来更细致的研究则指出，正是经济的大繁荣导致法国走向了大革命。只有联系到上述的背景，才能明白这两种说法其实并不矛盾，它们只是从不同侧面表达了同一事实。

## 法国大革命的起因

时至今日，大多数人仍然将大革命的起因追溯为日益成长的中产阶级与贵族及其权利要求之间紧张关系的日益积累，依照此一思路，则大革命本身就是一场摧毁封建法律和封建特权、建立以个人主义和市场经济为基础的资本主义秩序的革命。这种解释建立在对 18 世纪末法国社会分层的错误想象之上。实际上，在全部 2500 万人口中，除去第一等级和第二等级的 50 万，剩余的绝大多数人口都归属第三等级。这意味着第三等级内部存在严重而复杂的分化，其中可以构成中产阶层的人口大约为 230 万，其余人口则构成法国的底层社会。在为数 230 万的中产阶层内部，存在着巨大的分化和政治观念上的分歧。比如巴黎和各个大商业城市的金融资本家、投机者与地方律师之间的差异如此之大，以至于不管是从外观上，还是从见解上，都无法将他们视为同一种属的人，更不可能归于一类。第一等级的教士阶层以及第二等级的贵族阶层也同样存在巨大的分化，其中占据等级人数绝大多数的本堂神甫、贫穷教区的低级牧师以及小贵族，常常因为税收制度以及利益分配的不公正而满腹抱怨，实际上往往很难在经济条件上将他们同第三等级的中下层区分开来。那些大贵族在财富、教育和世界观方面与小贵族已经判然两个世界。前一阶段的经济大扩张,使得数量可怕的投机资本迅速在已经遭受分割的传统社会等级中制造起以繁荣为表现形式的剧烈膨胀,积蓄其中的则是张力和暴力的要素。在如此复杂的等级分化和社会分割中,逐渐形成两支对社会命运拥有决定权能的力量轴心。一是资产阶层上层和富有资本主义野心的贵族之间的联盟。这一联盟就是爱尔维修所谓的"表层土壤",他们在纯粹经济数量方面掌控着法国社会,在政治上诉求富有个人主义气息的自由主义,经常得到人们夸张赞扬的启蒙运动所照亮并以之为成长基础的就是由此一联盟所构筑的自由主义精英集团。杜尔哥在为《百科全书》的"团体"条目撰写解说词时,着重指出国家有权随时改革或者解散任何集体性的团体组织;并强调公共利益是最高的法律,无论是对团体组织的创建者之意图的迷信考虑,还是对某些实体所冒称的权利的恐惧,都不能阻止国家追求公共利益。魁奈所创立的以个人资本或者农民资本家资本为基础的经济表也同样表达了对个人主义和自由主义的偏向。这些都是自由主义精英集团的意识形态表达。另一支决定性的力量就是对人间正义富有原始激情的无地农民和城市无产阶层,他们渴望土地和一份不管多么微薄但足以为生的财产性财富,正是他们构成了启蒙之光无法穿透的"下层土壤"。如果说自由主义精英集团对正义和人权的理解建基于实证法,那么城市和乡村的无产阶层对此的理解则建基于原始的自然法,也就是马克斯·韦伯所谓的"自然法激情"。

　　严格地说,在革命前夜,三个等级都因为经济的投机性繁荣而同样遭受了内部的纷争和高度无秩序的困扰。特别重要的是,那种传统的土地财产和金钱财产之间的区别,已经归于无效。在自由主义精英集团看来,此种区分实际上乃是罗马法和中世纪教会法所建造起来的奥古斯都式的恶政体系的产物,在这种僵化的二元财富体系中,似乎土地财产本应归属贵族,而君主则拥有金钱财产,二者乃是作为分立的财产形态;商业的扩张以及中产阶级上层的迅速成长改变了这一切。重农学派,尤其是魁奈的作品,始终将重点放在"自然秩序"的确立之上,魁奈的自然秩序实际上讲述了一个地主如何转变为资本家,而资本家如何转变为地主的有效故事。这个故事或者秩序背后的道理是非常清楚的,对自由主义精英集团来说,法国社会已经在财富的道路上走出了一大段的距离,而整体法国社会却依然保持着传统的中世纪晚期的僵化体系。他们过去正是凭借这一不公正但富有投机性的特权和重商体系积累起原始财富,但在 18 世纪的 80 年代,这一体系已经远远不能满足其猎取并进一步保障财富的能力和野心,新酒需要新瓶装了。

　　要有效地掌控这样一种社会体系,传统君主政体的法律资源和政治手段显然是无法做到的。君主政体既不能追随波舒哀的教导,依然强调"王权神授"的要素,因为并没有人从法理上反对这一点,问题的关键在于实际上的实施总是要遭遇"基本法"的挑战,并屡屡挫败;又不能追随霍布斯,将君权夸张到此种程度,致使人民变成单纯的羊群;也不能追随中世纪晚期《反暴君宣言》提出的著名思路,将君权或者王权缩减到如此程度,致使统治者不过是人民的仆人。真相是,国王和人民之间的某种默契与协作乃是挽救危机的基础;自由主义精英集团所希望的局面就是：既有自由主义精英集团方面在权利上的某些让步，也有君主权利的某种保留，以便限制权威的实施，两者同时存在。自由主义精英集团就是带着这样的信念来到了国民议会。恰当把握其中的界限，并懂得随机而变，乃是成败的关键。无论是路易十六个人，还是凡尔赛的宫廷都不具备这种能力；确切地说，他们对问题的认知并没有触及根本。

1614 年的全体等级会议所确定的规则是：三个等级设立三个彼此分立的议院，任何决议和行动的实施都必须获得其中两个院的多数。这是一项确保第一和第二等级特权的规则设置。1788 年和 1789 年为组建全等级议会而展开了史无前例的选举运动，在沉寂两个世纪之后，这次运动让全国激奋不已。三个等级的陈情书表现出明显的一致，这表明至少有三分之一的贵族已经经历了商业化和资本化，并支持自由主义观点。但这并没有代表来自人数占绝大多数的贫苦劳动者，他们仍处在晦暗不明的政治状态中。当传统的土地贵族提出依照旧有规则，三院分开集会的时候，自由主义精英集团给予坚决的反击，他们要求一个单一的、由第三等级主持的国民大会来确保那些自由主义变革。路易十六一方面批准法案，同意第三等级拥有第一和第二等级总数的代表人数，然后一方面又同意三个等级分开集会，从而使刚刚通过的法案变得毫无意义。对路易十六来说，这种作法只不过是为了尊重传统，但自由主义精英集团的领袖似乎从中看出了凡尔赛宫廷的阴谋。西耶士恰在此刻发布了《第三等级是什么？》，指出那些保守的土地贵族只是一个小的、享有过分特权的少数派，被忽略的第三等级才是国家的真正力量所在。这本小册子颇富煽动性的开篇起到了将传闻中的宫廷阴谋公开化并极端化的作用。由此引发了紧张对峙,代表第三等级的自由主义精英集团自称"国民议会",大批自由派教士和贵族也加入其中,使力量重心发生倾斜。重建信心的第三等级发布了"网球场誓言",宣布除非获得一部新宪法,否则决不解散。路易十六再次出于心地善良的考虑,发表了安抚性的演说,并作出相应的承诺,然后又发挥优柔寡断的天性,听从宫廷贵族的耳边之议,组建军队,尝试用武力解散国民议会。1787年路易十六已经因为宣布破产而引退过一次,如今却又依据波舒哀的中世纪教诲,重申国王神圣的和历史性的统治权力。自由主义精英集团随即放弃"网球场誓言",宣布解散,代表们彼此之间相互安慰,所用话语足以显示出:这一集团对自身所倡导的抽象人权原则与其手中所持财富之间的紧密联系,有着多么清楚的意识——"你不会被绞死,你只是不得不回家而已!"

此刻的法国社会正由于普遍的农业歉收和昂贵的面包而经历一次典型的前工业社会经济萧条,政治的危机和动荡激发了在等级会议中没有发言权的法国下层民众,巴黎平民恰在此刻首先登上政治舞台。暴乱也好,革命也好,发生在巴士底狱的事件恰逢其时地拯救了国民议会。第三等级的代表在凡尔赛就抽象的人权原则和一部涉及政权形式的新宪法进行不得要领的辩论,并面临解散之时,巴黎平民和无地农民传来了明确的政治信息,这一信息是激进的,农民以猛烈而有效的方式获得了自己的土地。

第三等级的代表们迅速领会到了农民的普遍起义所包含的政治信息,他们赶在国王出面调停之前,对这项政治信息作出令人吃惊的肯定性回应。自由派贵族埃吉隆公爵就农民起义的目的和性质作出代表性评论："……这些同盟寻求最终挣脱压在他们身上已达数个世纪之久的枷锁。"[1]第三等级借此机会恢复了"网球场誓言",并提出税收平等和废除封建税款的改革议案,规定取消所有的古老特权,并不作任何补偿。此一先占性的举动为第三等级的代表们攫取了政治先机,置国王于无所作为的政治境地。一个星期之后,国民会议在巩固了政治地位之后,便立即作出补充法规,撤回了一个星期之前的大部分政治许诺。

## 《人权宣言》的诞生

1789 年 8 月 27 日,国民议会颁布《人权宣言》,这可能是历史上第一份以"人权"之名而颁布的政治宣言,其中的革命理想口号保证了法律面前的人人平等,但更重要的是保证了代议制政府和个人自由。由于它所诉求的普遍而抽象的人权原则,这份文件获得了迅速传遍世界的力量。但在自由主义精英集团的钳制下,通过诉求抽象的普遍人权原则来制定一部宪法的工作被证明是不可能的。国民议会此时关心的问题乃是国王应当保留多少权利,以及国王是否有权否决立法机构的决议和法律。这是一个很实际的问题,既涉及最高权力的分割,也关系到抽象的人权原则能否落实到对财富的充分保证上面。

---

[1]　P.H.Beik, ed., *The French Revolution*,纽约,1970 年, 第 89 页。

　　此时，巴黎平民的政治意志在另外一个轨道上运行。当国民议会的"公共意志"与平民意志终于发生交汇之时，冲突发生了。议会代表对平民的评论是："……这些人只要求得到面包。"平民对议会议员的评论则是："……让那个嚼舌头的人住嘴。那根本不得要领，关键就是我们需要面包。"拉法耶特率领国民卫队镇压了平民的暴动。1791 年 9 月，自由主义精英集团在经历了惊心动魄的自由革命巩固期之后，正式接管了革命，并将启蒙运动的理性主义精神运用到法律改革和制度重建上。当路易十六最终接受了新立的宪法之后，带有妥协风格和充分的财产安全保证的立宪君主制也随之确立。年轻的罗伯斯庇尔评论说："革命结束了。"对于自由主义精英集团来说，这个评论是正确的，也是他们所期望的；事实上，从长远来看，这也是不可争辩的事实。自由主义精神所意图确立的实质性和恒久性的改革都已经在 1791 年的立宪君主政体之下到位了，剩下的唯一问题就是像 1688 年的英格兰那样，在这一政体的内部迫使国王成为仆人的实用问题，而这一点并不难做到。从这个意义上来说，1791 年的成就乃达到了随后一百年的顶峰，无论是督政府、帝制还是共和制，都不得不在顺应并依靠 1791 年成就的基础上获得生存权利而非改革权利。在这一体制当中，获得土地的农民也正如马克思在《法兰西内战》中所敏锐观察到的那样，已经从 1789 年夏天的"愤怒者"转变为追求秩序和稳定的力量。拿破仑三世在 1850 年正是借助这种力量，才得以顺利操纵建基于普遍人权原则的普遍选举，建立起服务于金融资产阶级的保守帝国。

　　然而，从另一方面来看，罗伯斯庇尔的评论则是不正确的，他低估了巴黎和全法国劳苦大众的民主精神,正是这种精神不断将革命向前推进:攻占巴士底狱、进军凡尔赛、将国王赶出王宫、制造九月流血事件、建立雅各宾派的总体统治、砍掉国王的头颅、将政体由君主立宪推向更为激进的共和制,以及最终激发全民的战争热情,赢得瓦尔米炮战,并使革命法国得以保全。此刻,抽象人权原则便只能在贫苦民众的"自然法激情"当中获得普遍化的动力,而自由主义精英集团在目标达到之后,便迅速褪去了革命热情。1795年,在新统治者集团的铁腕镇压之下,劳苦大众的革命热情遭到彻底压制,普选与复选制度的复杂结合并非穷人能够了解,也切断了穷苦大众赖以表达政治意志的最后一根稻草。法国迎来了督政府时代。1789年,西耶士在《第三等级是什么?》中表达了应当由全体人民统治法国的看法,而今,"信心来自下层,权威来自上层"则成了西耶士的座右铭。在经历了六年激动人心的岁月之后,一个以财富为基础的政体接管了一切。然而,是什么造成了人的穷困?是自然的原因,还是人为的原因?这一问题并没有得到回答,普遍人权的原则也因此宣告终结。穷苦大众不得不承认:革命不是结束了,而是失败了。

　　如何评价这段为期六年的激情岁月?一致的看法无从得出,不过关于这段岁月的"伟大"则并没有人持有异议。如果人们不能或者不愿意就"伟大"的积极品质达成一致,那么不如退守到负面的最后底线,那就是:六年的经历包罗万象,就像巴尔扎克的《人间喜剧》那样,充分揭示出人类生活本身的矛盾和痛楚的一面,而这样的矛盾和痛楚最终证明是无法克服的。

　　自由主义精英集团的启蒙家们喜欢谈论"全体人民的意志""全体的协议""全体人民的统一意志""全体的统一意志""全体的同感

的和统一的意志"等。不过在谈论这些的时候,有一点是很清楚的,这些意志当中不包括那些依靠工资和辛勤劳动而生存的人。启蒙家们认为确实存在一种人民的共同意志,也就是全体有理智的个人的意志,它完全与共同利益或者共同福利是一回事情;问题只在于如何发现这一意志,造成分歧和产生反对派的唯一原因在于人们的愚蠢和罪恶,而知识则是可以将这两者予以消除的。这种观点的错误在于没有从根本上意识到,不存在全体人民能够同意或者能够借助论证和推理的力量使其同意的公共利益。这倒不是因为人们由于缺乏理智而不需要共同利益这样的东西,而是因为对不同的个人和集团而言,共同利益必然指向不同的东西。人们对终极价值的分歧无法借助知识的手段获得解决,法国大革命的六年岁月则证明:妥协只能使事情更糟。

18世纪的法国自由主义精英集团中,没有一个人能够认真考虑到资产阶级社会的经济结构和习惯本身也会发生本质性的改变,因为他们不愿将眼光扩展到18世纪商人和金融资本家之外的世界。只有真的存在一种能够吸引全体个人意志的"共同利益",才能够"自然地"得出共同意志,但无论卢梭就此一问题作出何等精巧的论证,这都是不可能的。因为,18世纪的法国自由主义精英集团只能以牺牲人权的普遍性为前提,取得政治意志的一致性,并以铁一般的法律和纪律感捍卫这种一致性,直到1850年代拿破仑三世创建第二帝国。正是第二帝国完全暴露了人类生活中的根本性矛盾和痛楚,并证明人权原则的普遍性并非建基于《人权宣言》,就如同17世纪英格兰的权利观念也并非建基于《权利请愿书》一样。对两次革命而言,人权观念的基础正在于这样的矛盾和痛楚之中。

四

现实主义年代的开启

## 革命理想落幕

从七月王朝直到 1850 年,法国社会的主要特征便是各个社会阶层和各个利益集团之间的分崩离析,议会成为资产阶级内部各个利益集团之间情报和利益的交易厅。面对这种情况,米什莱重述了发生在两代人之前的大革命。他在重述中着重刻画了发生在 1789 年夏天的事件。他在那样一个时刻所看到的是法兰西克服了旧制度造成的广泛而又深刻的人为分裂,各阶层为着"博爱",为着某种"同一的观念"而彼此开放,产生同感,爱与恨、专制与正义、罪恶与美德在 1789 年夏天的特殊时刻发生了转换,主宰法国的不再是旧制度时期的那种"对自然的茫然爱慕之情",而是"观念的同一"。在大革命的第一年,米什莱完全相信人与人、人与自然、人与上帝最终的完全同一是可能的;随着革命洪流摧毁了人为的法律所建制起来的所有人间壁垒,一切的社会区分都在那一刻瓦解了。"博爱将消除每一个障碍,所有的联盟都趋于统一……一切都毫无用处,现在只有一个是必需的,那就是法兰西。"当一切分隔都粉碎之时,"人们相互注视着,感觉到他们彼此类似,都惊讶于彼此之间会如此之久地冷漠相对,都为令他们相互隔绝这许多世纪的愚蠢和仇恨而懊悔不已"。米什莱评论道:"现在,一个前所未有的新生命在法兰西出现了,这是一个杰出的灵魂,它使法兰西的整个大革命成了一个梦境,时而令人愉悦,时而令人恐惧。它既不分辨时间,也不分辨空间……一切旧的象征变得苍白,而努力使用的新象征又没有多少意义。无论人们在领圣餐前的旧神坛上怎样信誓旦旦,抑或在抽象自由的悲凉图景之前如何宣誓,真正的象征都在别处。这些喜庆场合的华丽、庄严和永恒的魅力就在于其象征是活生生的。这种人类的象征正是人类自己。……不再有传统的象征! 唯有整个的自然、整个的心灵、整个的真理!"[1]米什莱在写下这些话的时候,法国社会正陷入七月王朝的灾难性处境当中,他本人也正万般痛苦地注视着大革命理想的慢慢消散,他的语气因此在亢奋中携带着哀婉。对他来说,大革命时期是一个英雄时代,人类的自由意志在那一时代为对抗物质需要而付出卓绝的努力,通过压制生存所需要的特殊环境,每个带有同情参与大革命的人,即便是最绝望的底层社会,也都以胜利者的姿态显现出来,这种精神高于一切,也覆盖了一切,唤起人类心灵的普遍共鸣并促使人们投入与物质无关的行动当中。但是那时的理想现在已经不再重要了,这种理想只存在于 1789 年夏天最初培育它的各个等级以及政治精英和底层社会当中。断头台上的路易十六、罗伯斯庇尔尽管象征着一个政治血腥的时代;然而,法兰西政治意志的形成却也并非一桩纯粹的技术性工作,代价是必须付出的,意志所采取的终极立场不可能由科学手段或者所谓的主流公共舆论来定夺。因此,尽管自由主义精英集团的历史学家和思想家们倾向于将大革命史的写作称为"分析"(基佐)或者"叙述"(梯耶里),米什莱则一反"公民国王"时期的"时代精神"或者"时代要求",将自己的《法国革命史》视为一种"复活"。这是有充分根据的,大革命在米什莱看来乃是一桩世界历史中独特的、不可能重复的事件,它从"存在之混沌"当中升起诗歌

---

[1] 米什莱:*History of the French Revolution*, trans. By George Cocks, Chicago and London: University of Chicago Press,1967 年, 第 441—451 页。

的、悲剧的乃至神话的墓碑，永恒地矗立在人类生活这一普遍混沌而
无意义的大平原的地平线之上。这座墓碑以其不可超越、不可模仿
甚至不可接近的理想形态，时刻告诫法兰西：它所能做的一切只能是
决定在多大程度上远离而不是接近 1789 年夏天的理想。

　　米什莱作为大革命最富有影响力、同时也是最深刻的阐释者，竟
然采取如此极端的浪漫主义方法，其间的苦楚并不难理解。和欧洲
其他地方一样，法国社会自 1815 年以来一直积聚起来的经济和社会
压力以及民主激情在 1848 年一夜之间爆发。洪流席卷整个欧洲，在
法国表现得尤其汹涌，但在法国也同样迅速地退去，革命理想不但没
有获得进展，反而以加速度的方式消散。当法国的城市工人和激进
的社会主义者提出更激进的要求或者提出包括《共产党宣言》在内的
更富有魅力的历史哲学性规划时，有产阶层坚决地退却了；资产阶级
和富裕农民联合起来绞杀了巴黎工人的革命运动。血海、恐惧和洪
流，这一切充满火与力的形象也同样湮灭了历经将近两代人的巨大
压力才培养起来的崇高理想和种种梦幻。浪漫的革命年代最终在
1848 年成为往事，法国社会从此进入了一个现实主义的年代。米什
莱用语言书写了浪漫主义年代的墓志铭，路易·波拿巴则用行动书
写了现实主义年代的开幕曲。两个年代之间的根本性区分标志在于
对法兰西政治任务的认知，甚至也可以说是在于对法兰西所应承载
的历史责任的认知。此一认知所涉及的根本问题只有一个，那就是
法兰西民族的历史和政治任务原则上是在于国家形式方面，还是在
于政治意志方面。主流的资产阶级作家之所以强调形式重于意志，
并将达革命时期的立宪派视为典范，是有原因的。对他们来说，统治

形式问题的确事关重大。假如议会制失败,并导致王朝复辟,这无疑会在结构和阶层复杂的资产阶级内部造成重大的财产调整,到那时候,资产阶级的内斗将加深投机性财产所固有的不安全感。但无论如何,一旦问题涉及国家政治意志的形成,那么资产阶级的任何经济政策都将以失败告终,不论这些政策的倾向和目标何在。对于这一点,作为整体的资产阶级早已心知肚明。因此,主流舆论力图宣扬的就是一切"仅供当下之用",统治形式方面的选择则是非常确定和有限的,无限的可能性并非政治生活的属性,究竟哪一种形式最为有效,这并非一个政治问题,而是一个事实问题和技术问题。事实问题和技术问题上的变革并不涉及如何使一个国家变得生气勃勃的问题。因此,现实主义年代实际上也就是机会主义年代,无论是议会制还是资产阶级化的君主制,都将是培育机会主义政客和"秩序党"的学校。既然不可能再出现以民族为手段、以巨大的意志诉求和牺牲为代价的政治领袖人物,那么法兰西政治要做的一切便最好归结为:彻底剥夺政治领袖人物再次出现的可能性。"庸人"路易·波拿巴一举便看出了法兰西现实主义政治的此一要害和痛处,并因顺应这一切,而迅速得以加冕。

### 新的政治人物:路易·波拿巴

路易·波拿巴是拿破仑大帝的侄子。在 1848 年之前欧洲的激奋社会状态中,拿破仑曾经同马志尼这样崇高的理想主义者和爱国者有过一段共同的激情岁月,但路易·波拿巴并未沾染马志尼身上

的任何理想主义气质,他在骨子里是一个平庸但老道的政客。和他
的叔叔不一样,他并不是一个自信命运在手的人。他不缺乏对一切
崇高事物和一切肮脏事物的感知,也可以接纳这一切,但只是作为手
段。早在1848年之前,他便抛出《拿破仑观念》这本小册子作为进入
政坛的先导,当时他还默默无闻。《拿破仑观念》借取米什莱的灵感,
阐述了一种关于法兰西民族之同一性的观念,他写道:"他(拿破仑一
世——引者注)清除大革命的污垢,使国王稳定在位,使人民高贵起
来……在类似法国这样的民主状态中,行政机构具有比其他任何状
态中更大的重要性,因为它一定程度上控制着政治机构……从克洛
维到路易十六,直至国民公会,我和法国在此期间发生的一切都息息
相关。"[1]

　　这些话中集中刻画了一种未来政治人物的新形象,呈现为强人
领袖和理想主义者的双重结合,这无疑符合了时代的需要和精神,同
时也向底层社会传达了他并没有忘却1789年传统的政治信息。其
中的一半成分可谓是伪装和夸张,但另一半则确实展示了他对时代
政治现状以及解决之道的"拿破仑观念"。路易·波拿巴着重攻击了
法国中产阶级的分裂和利益观念的狭隘,在他看来,这是1815年之
后法国政治的致病之源。统治集团自身的分裂使议会政府的统治能
力从根本上遭到削弱,而利益观念的狭隘则使中产阶级无意帮助穷
苦阶层。此种局面只能造成议会各党派不倾向于保持合作,以便解
决问题,他们彼此代表不同的利益集团和不同的观点,一旦发生争吵

---

[1]　路易·吉拉尔:《拿破仑三世传》,郑德弟译,商务印书馆,1999年,第37—
　　 43页。

通常就会诉诸最常规的手段,那就是联合下层,煽动骚乱。这种情况恰恰是七月王朝和第二共和的常态,它们都是在自我煽动起来的动荡中走向毁灭。路易·巴拿巴在年轻时候的流亡生涯促使他仔细阅读了米什莱关于法国大革命以及法国"人民"的著作,颇带有几分感动和真诚,其中尤其吸引他的则是米什莱所阐述的"法兰西同一体"观念。他将此一观念牢记在心,在进入政坛之时,将米什莱这种倾向于极端浪漫主义的观念同拿破仑家族的传统治国策略结合在一起,从而诞生了兼具内在的实用主义和外在的理想主义的政治路线。他曾谈道:"波拿巴家族应当记住,他们的一切力量源出人民的意志,他们应当等待人民表达这种意志并顺从它,哪怕它与他们本身的意愿相悖。""如果人民感到痛苦,你们就要显得同他们一样是被压迫者,同时要让他们懂得只有靠你才能得救。一句话,波拿巴家族要扮演天下众生之友的角色。……你们要时刻做好准备,直至你们自己有力量制造事件。别让任何人扫兴,绝不投靠任何人。向所有人敞开大门,即使是好奇者、怀有个人打算者以及劝告者都统统接纳,这些人都有用处……必须时刻审时度势……必须处处留心,同时又要始终保持谨慎和不受束缚,只有时机合适时才公开露面。"[1]此即路易·波拿巴富有实用主义性格的帝制观念的诞生之源。

作为纯粹政治性的见解,路易·波拿巴的"拿破仑观念"不乏敏锐和正确。共和派与君主派或者说1789激进派与1815正统派之间的冲突,一直以来就是法国议会政治派系斗争所围绕的轴心。由于

---

[1] 路易·吉拉尔:《拿破仑三世传》,郑德弟译,商务印书馆,1999年,第8—9页。

斗争各方都扎根于中产阶级利益,并意在维护这种利益,只是具体的阵营有所不同而已,那么如此长久的斗争便不涉及利益方面的差异,而不得不成为赖以激发政治活力的虚幻而抽象的哲学维度上的争吵。在这样的争吵中,统治精英往往并不被视为负责统治,而只是被视为议会权力的补充和"剩余物",以及普遍选举制度漏洞的调节者。正是此一原因造成了法国政治自拿破仑统治的后期以来,便没有产生真正的政治精英,而只是冒出种种封闭的权力团体。这些团体在不断变幻的政治格局中都无法避免迅速失败的结局;首先是转变为以功绩和服役为基础的18世纪贵族在督政府时代的失败,接着便是七月王朝试图以表明财产资格的选举税标准也就是财富标准来构筑政治精英集团的失败和崩溃;作为最后的退路,正统派力图在1848年之前的时代建造一种类似英格兰的建基于社会尊重和身份区分之上的贵族模式,这一企图未及实施便遭遇了革命洪流。1850年代之前,法国的人民-精英关系的种种建构尝试总是迅速退化为合法的经济特权和非法的经济斗争。

为此,路易·波拿巴重新提起了卢梭的激进观念,即政府应当代表人民。在如何代表的问题上,路易·波拿巴则继承了西耶士的思路。他明确指出,议会和政治党派不能解决这个问题,而只能使问题本身趋于恶化;议会政治人物代表的只是各个利益集团,在最好的情况下,比如塔列朗那样伟大的政治家,也只能是代表狭隘的中产阶级利益,绝无可能像英格兰宪政中的君主角色那样,代表一个国家。解决办法便是重建"帝国总统",这是一种强硬的甚至是独裁的民族政治领袖。领袖应当通过直接的大众民主和普选与法兰西人民联结在一起,由人民大众将立法权和主权直接赋予总统,只有这样,主权才不会被议会和政党所削弱和侵蚀。奇怪的是,路易在进一步解释"帝国总统"的具体含义时,并没有强调其针对议会各党派的强硬态势,而只是强调"应当服务于所有人,不论贫富"。他似乎对救济穷人更感兴趣,认为领袖的"神圣义务"就是"鼓励发展经济"和"向人们提供工作",让所有的社会阶层都从中受益,而不管受益的相对程度。恰恰是在最倾向于模仿米什莱理想之处,他背离了这一理想;路易·波拿巴向往的类似英格兰那样的保守政治形态,集经济繁荣、政治成熟及帝国力量于一身;理想不会打动庸才。

**宝剑与袈裟:1852 年全民公决**

《拿破仑观念》在 1848 年的选举前期获得广泛的流传,并取得政治奇效。法国社会各阶层对这份纲领有各自的理解,所有的理解都是模糊的,在各取所需的意义上而言,也都是正确的,但都只是正确了一部分。重要的是,大部分底层社会的农民和工人从这份纲领中看到了一个准备为捍卫他们利益而战斗的强硬的和有远见的斗士。这一点足以保证拿破仑赢得多数选票。而财富阶层则在其中更深刻地看到了一个能够结束纷争、捍卫财产并最终达成稳定、繁荣和进步社会局面的人物,这一点则保证了他的当选不会激起反对舆论。赢得总统选举的路易·波拿巴以一次重大举动作为其执政的特征。这便是签署议案,在基础教育中大幅度提高天主教会的地位和影响力。财富阶层将这一议案看作是抵御激进主义进攻的堡垒,一位主教说道:"想让那些一无所有的人相信财产权,只有一个药方,那就是相信上帝,因为上帝规定了'十诫',……并保证对那些偷盗者进行没完没了的惩罚。"[1]此举是在议会的保守压力下作出的,路易的目的很简单,但不是很容易分辨,他希望借助这种恭顺的表现赢得议会的信任,借此让议会替他偿还个人债务,并希望议会能改变宪法以便能够获得连任。在意识到这两项要求不可能得到议会的同意之后,路易联合军队将领采取超出法律范围的行动,解散议会,他决心诉求"全民公决",以冒险一试的方法摆脱困境。92%的人投票同意他成为强硬总统,赋予他十年任期;1852 年,又一次"全民公决"支持了路易这位政治福将,97%的选票使他成为世袭皇帝。

很多人把路易"全民公决"的冒险之旅视为富有浪漫主义色彩的行动,并将冒险成功的原因也归功于同样的原因:1848 年之前,一代人中间聚积起来的浪漫主义热情,尤其是米什莱革命作品的流行,使得 1815 年之前的革命英雄们走出了专制的暗影,并对生活在资产阶级颓废时代的各个社会阶层重新焕发出特殊的魅力;而这样的社会氛围自然有利于将一个独裁者转变成为同样的英雄。"全民公决"的冒险跃进掩盖了路易在担任总统期间的平庸,使之逃过了绝大多数人的眼睛,"拿破仑观念"的光环不曾减色,反而更加绚丽。如果这种来之不易的"政治领袖"身份真的能够与一个天然的"政治强人"取得联合,那么法国政治的走向势必会因此改观不少,1789 传统必然会让各个利益集团懂得退让,即使路易牺牲自己以捍卫 1789 传统,这

---

[1]　G. Wright, *France in Modern Times*, Chicago: Rand McNally, 1960 年, 第 179—80 页。

一传统也必然会重新激荡法国议会政治。然而，作为19世纪法兰西政治最深刻和锐利的观察者，马克思直陈路易上台的真相乃在于中产阶级和富农阶层的恐惧，他们需要一个随身携带大棒的警察做他们财产的管家，而路易正是这样一个人。没有谁比马克思更懂得在辉煌的外表之下通常会掩盖着怎样一个平庸的人物。对于1789传统，马克思评论说："不管资产阶级怎样缺乏英雄气概，它的诞生却是最需要英雄行为、自我牺牲、恐怖、内战和民族战斗的。在罗马共和国高度严格的传统中，资产阶级社会的斗士找到了为了不让自己看见自己为之斗争的资产阶级狭隘利益内容，为了要把自己的热情保持在伟大历史悲剧的高度上所必需的理想、艺术形式和幻想。"如果说1789年传统只是遮蔽了理想和现实之间的差异，那么路易·波拿巴则使得理想完全屈从于现实，马克思对此评论道："不是社会本身获得了新内容，而只是国家回到了最古老的形态，回到了宝剑和袈裟的极端原始的统治。1851年12月的轻率行动报复了1848年2月的英勇攻击。来得容易，去得也容易。"在《雾月十八》的结尾，马克思评价了路易本人，使之成为一个遭受时局的彻底愚弄的人物："波拿巴既被他的处境所提出的自相矛盾的要求所折磨，便不得不作为一个魔术家以日新月异的意外花样吸引观众，把他看作拿破仑的替身，换句话说，就是不得不每天举行小型政变。"最终，马克思摧毁了那一时代法国社会关于"强人"的政治幻想，无论这样的幻想出自怎样的考虑："雨果只是对政变的负责发动人作了一些尖刻的和俏皮的攻击。事变本身在他笔下却被描绘成了晴天的霹雳。……他没有觉察到，当他说这个人表现了世界历史上空前强大的个人主动作用时，他就不是把这个人写成小人而是写成伟人了。"

与马克思相比更显老道的布克哈特,则道破了路易·波拿巴陷入政治闹剧泥潭的更深层原因:"路易·拿破仑为了大选,已经尝试了全民公决,其他人则追随着他的榜样。农村人口中的保守倾向已经获得承认,尽管从来没有人想要认真估算一下:从全民公决到每件事情和每个人,其距离到底可能远到怎样的程度。"[1]占人口绝大多数的农村人口的选票是全民公决的命运枢纽。然而,路易时代的法国农村人口自 1789 年夏天获得土地之后,无论是拿破仑一世与天主教会之间妥协性的"体制条款",还是历次的民族战争,都不曾撼动他们手中的土地。1815 年开启的复辟年代则充分意识到获得土地的农民已经成为追求稳定和秩序的保守力量,路易十八懂得复辟的代价是不触碰资产阶级利益,但他也更懂得农村力量的意义重大。资产阶级议会由于众多派系的分裂和无休止争斗,只要不从整体上予以挑战,就能够善加利用;但如果没有农村这股力量或者将这股力量激进化,他那老迈昏庸的复辟王朝将顷刻瓦解。

然而,法兰西历来从共和政治的启蒙角度来看待普选权问题,议会往往将普选权建基于公民-个体的理智能力之上,这是 18 世纪启蒙思路的延伸。18 世纪的启蒙家们并非没有意识到普选的结果往往不在预期当中,但他们将造成偏差的原因归结为理想与现实之间必然会存在的差异,只是一个有待改进而且能够获得改进的程度问题;弥补这种差距的办法就是公民教育。公民教育乃是建立在这样一种

---

[1] 布克哈特:*Reflections on History*, London: G. Allen & Unwin, 1943 年,第 165 页。

哲学式的确信之上：公共利益体现的乃是社会"真理"，因此不能从特定的集团利益或者个人的带有偏见或者无知的投票本能中推导出来。因此，启蒙思路尽管并不明确反对将多数等同于政治理性，但在获得这个多数之前，必须经历漫长的公民教育过程。这种教育内容广泛，但作为这一理想的最突出倡导者的孔狄亚克更为强调培育理智方面的能力，道德能力则退居次席。百科全书派清醒地意识到自身所提倡的政治理性主义的完成形态与卢梭阐述于《社会契约论》中的"公意"理想之间的距离和张力，为此他们提出普遍的公民教育计划试图缩小并化解这种距离和张力。对公民-个人之理性能力及其无限改进可能性的确信一直作为哲学信念支配着1789之后的法国议会政治；就像蒙塔朗贝尔在同英格兰议会政治作出比较后评论的那样："一旦某个政党在法国登台执政，它不会把法国当作政治战利品来对待；它往往会把法国当作一名小学生来对待。它为自己设立了国家的教育家，使国家处于其监护之下，并觉得自己有权利把国家须想、须知、须做的一切教给法兰西。"[1]共和派的民主观念将公民完全分割为个体，并向这种公民-个体发出呼吁，要求每一个公民-个体不仅把自己看成是地球上唯一存在的人，也是宇宙间唯一有理智的生物；将民族和国家视为每一个这样的理智生物的算术性加总，由此便得到了简单但不好解释的推理：如果个人微不足道，整个国家便也微不足道；共和派眼中至高无上的形象是世俗化了的荒岛上的鲁宾逊。

---

[1] 转引自罗桑瓦龙《公民的加冕礼：法国普选史》，上海世纪出版集团，2006年，第369页。

　　全民公决的结果是对共和派政治理性的根本性打击,路易·拿破仑借助这个结果重建帝制,并将世袭君主制融合到帝制当中,这一切要素均从本质上瓦解了共和派观念。对此,财富阶层普遍的不安全感、对政治动荡和议会派系倾轧的厌倦只能提供部分的解释;97%的多数只能说明农村人口怀抱正统派观念,而非共和派的启蒙观念。大革命的普遍原则已经激荡法国社会达半个多世纪之久(这也是托克维尔划定的一个安全的时间距离,可以确保人们以理性的态度回顾往事),却为何占绝大多数的天主教农村人口仍然抱持着"迷信的宗教"不能放手呢? 他们为何如此理所当然地支持路易·波拿巴创建一个依赖群众,并且对群体情绪如此敏感的政体,而非一个诉求公民-个体并对人类的启蒙理智保持信赖的政体呢? 是共和派的公民教育规划还没有获得足够的时间,因而出了问题? 还是这项教育规划本身在根本上就走错了方向? 抑或是说,共和派认为多数与理性之间仅仅是存在有待时间加以弥补的差距,这一观念本身就是错误的呢? 对这样的问题并不存在理论上的回答。但是可以肯定的是,共和派的公民-个体观念乃是自由主义精英集团和议会政治各个派系所共同持守的权利原则的基础。他们从此一基础出发,认定在个体自由意志的运作当中,不存在浪漫派所认为的半神秘实体这一要素,确切地说,在个人意志和公共意志之间不存在理智不能理解因此也不能克服的障碍。因此,共和派才会如此直率而真诚地从个人意志的简单算术加总中得出人民意志,并由此为启蒙的民主信条获取独有的伦理尊严。

　　然而,一旦人们不相信"共同利益"这个概念,并且也不相信完成形态的理智生物的存在时，自由主义精英集团的支柱也就随之崩溃了。这就是在路易·波拿巴的全民公决中所发生的一切的根本原因。同样信奉启蒙原则的杰斐逊曾经指出，人民毕竟比任何个人都聪明，而林肯也同样说过"不可能永远愚弄所有人民"的话。在这方面，他们表现得同路易·波拿巴同样灵活，只是缺乏狡诈而已。共和派在第二帝国时期遭遇的溃败，究其根本原因，就在于个人并不是前无古人、现无他系的孤独理智，而是被挟裹在种种自然力量和人为力量的作用与反作用中间，只是芸芸众生当中的一个可怜单位，被恐怖、灵感以及偏见的潮流推来推去，随着每一阵微风而发生摇摆。与此同时，法国资产阶级并没有表现出新工业时代英格兰商业阶级那种严肃认真的福音派热情，以及对财产权益的那种本能而正当的坚决维护，虽然有些自负，但积极的商业进取心而非投机心理、极其认真严肃的道德观念，足以使之执掌天下；这一切要素均是法国资产阶级所缺乏的。这也同样造成了第二帝国的败落。当上皇帝的波拿巴在此种局面之下，除了在经济方面维持稳定和并非全部真实的繁荣之外，便不可能再有更多的作为。他鼓励成立一个又一个新的投资银行，并进行规模巨大的铁路建设，一系列野心勃勃的政府工程项目鼓舞起全局性的经济扩张，为商人和资本家们的投机性经济活动创造出一轮又一轮的空间，历来最难对付的城市工人也因此有所获益，抵抗的传统和决心在第二帝国的巅峰期也下降到谷底。1860年代，疲倦已极的路易·波拿巴正式放弃了年轻时代的"拿破仑观念"，将法兰西之"同一性"的观念降解为庸俗化的功利主义者的"最大幸福"观念，逐步将第二帝国予以自由主义的"净化"和"自由化"，将权力逐步放给共和派的自由主义精英集团。他在《拿破仑观念》中似乎对此早有预感,在那里他对资产阶级和富农集团作出了安抚性的承诺:"拿破仑观念绝不是战争观念,而是社会、工业、商业和人道主义的观念。"[1]也许他并没有意识到此一承诺本身与作为整体的"拿破仑观念"之间的矛盾,最大的可能则是他并没有认真思考过实现这一承诺需要付出的惨重代价。1870年,已经感到厌倦的皇帝又处在病痛的折磨当中,政治意志在这个庸人身上甚至没能克服生理疾病的围困,第二帝国也随之转变为实质上的议会政体。路易·波拿巴无论是作为共和国总统,还是作为帝国皇帝,猎取民心始终都是他执政的纲要所在。他为自己设置了萦绕终生的问题:城市中产阶级和城市工人阶级究竟彼此扩张到什么程度,才可能像农村人口那样,一致拥护一个强硬而保守的国家。他很可能至死都没弄明白,这是一个不存在的问题。一个依托农村人口的保守偏见而创建的帝国,从长远来看,必然要同中产阶级的财富欲望和投机本能,以及城市工人阶级的人权诉求发生根本性的冲突。

1870年,人心涣散的第二帝国被拖入灾难性的普法战争,皇帝本人成为俘虏,巴黎立刻爆发了自由主义精英集团和城市工人之间血海般的冲突。尽管法国自认为遭受了无法容忍的屈辱,但俾斯麦实际上是按照梅特涅时代的宽大条件解决了和平问题。欧洲资本主义在1914年之前的这段时期迎来了和平而有序的美好时光。路易·波拿巴皇帝及其第二帝国为法兰西民主提供了一种不同于《人权宣

[1] 路易·吉拉尔:《拿破仑三世传》,郑德弟译,商务印书馆,1999年,第40页。

言》的抽象普遍主义原则的另一种奇特的普遍主义保守模式,并为此一模式的实施提供了丰富的经验材料。然而,这一切只不过证明了本身即为普遍主义的人权原则恰恰不可能建基于任何的普遍主义政治模式之上;无论是启蒙观念的公民－个体,还是保守主义,都只是瓦解人权原则的不同方式。如果说 1789 年夏天的法国大革命创立了平等,那么《人权宣言》则不能等同于对人权的确立。恰恰相反,随后的所有政治试验与其说是为人权原则的普遍主义诉求提供解决办法,倒不如说是提供了一系列的病症与问题一览表。资本主义的和平与繁荣时代也正是人权原则的艰难时代,欧洲各国的底层派别、工会以及社会主义政党正是在这段繁荣时期经历了艰难的锤炼,并最终懂得将人权原则的诉求建基于日复一日的集体行动。

五

德意志的解放与人权：1789—1848

## 德意志的政治环境

　　人权原则在德意志的运行经历了由法国大革命所引发的普遍的
欧洲革命时代、解放战争年代和普鲁士的改革年代、浪漫主义年代以
及决定性的帝国统一年代。中欧这块土地发生如此之多的转折性
的、甚至里程碑式的事件,只用了半个世纪多一点的时间,种种力量
和观念的此消彼长、起承转合使人在窒息之余,几乎无法对这段历史
作出盖棺论定的归纳和论断。人权原则,无论是作为理论问题,还是
作为一种道德态度问题,抑或是作为实践问题,实际上时至今日也依
然深埋在这段永远不可能尘封,但也永远处于根本性争议的历史当
中。

　　造成这种世界史上堪称最为奇特现象的最直接原因,当然在于
德意志土地上同样奇特而复杂的客观政治环境。这是宗教战争和神
圣罗马帝国的共同遗产,宗教战争和神圣罗马帝国同样扎根在异常
遥远的过去,同样使得就其当前影响进行盖棺论定式的历史归纳变
得不可能。俾斯麦成功地扭转了现实主义政治策略中的犬儒主义,
使之成为一种积极的、爆发性的力量,借此迅速满足了德意志内心深
处一直潜藏着的国家统一愿望,但这种挥刀斩断"高尔迪之结"的现
实主义策略或者更确切地说是完全以实用考虑为依归的拿破仑策
略,与其说是解决了问题,倒不如说是引发了更多的问题。这些问题
对于 19 世纪晚期新成立的德意志国家来说都是至关重要的,这种重
要性不仅仅像人们通常认为的那样,主要体现在国际政治舞台上,而
且也更深刻地体现为德意志民族自国际人道理想的时代结束以来就

为之深深眷恋的"文化问题"。威廉二世皇帝的新"世界政策"所暴露出的德意志危机，只不过是"文化危机"的政治呈现而已，而此种"文化危机"在俾斯麦以失败收场的"文化斗争"中已然显现无遗。在魏玛共和非常不成功地试图回避此一根本问题，并企图借此建构纯粹实证主义"法制国"的理想遭遇注定了的失败之后，希特勒及其纳粹党进行了另一场政治试验，他们尝试用反启蒙的"自然"和"种族"观念重建德意志政治的根基。在此，没有必要再去重复关于这场政治试验的种种老生常谈式的评论，问题的重心在于旋即到来的战争再次草草结束了希特勒的政治道路，所得成果非但加重了德意志问题的历史复杂性，更在这种复杂性之外，使德意志民族的历史研究不得不背负起沉重的负罪感。一战之后，德意志民族尚能因"战罪条款"中的历史不公和国家利益野心而发出不平之鸣并以此激发民族情感。但二战之后，关于同一问题，德意志民族除了选择沉默，便无路可走。

　　因此，对于任何一项观念在德意志历史上的展开及其运行的叙述，实际上都只是对德意志历史中的苦难和焦虑的体认，造成这种苦难和焦虑的根本原因则正在于任何观念都无法在德意志历史上获得最起码的时间许可。历史进程中是否存在神意的干预，这一直就是德意志历史研究和观念史研究中最核心的问题。即便我们遵循一战前后崛起的"社会科学"的思路，否认神意对历史有所干预，也必须同样地承认，有很多重大困境并非德意志民族自身的原因所致，也不是德意志民族自身的能力所能控制或者解决；在这个问题上，我们完全能够以无常的"命运"主题来取代对于神意的传统德意志信仰。当然,各个民族在不同的程度上都存在同样的问题,但唯独德意志民族因为苦难过于沉重,从而使得"命运"主题尤其得到凸显,并倾向于精神化和浪漫化,就像贝多芬在其"命运交响乐"中所呈现的那样。

1922年,以思路开阔和公正著称的特洛尔奇在第二届德意志政治学年会上发表了题为《自然法和人性》的演讲,他借这个机会对德意志自1789年以来思想和历史进行了总结性的评论:

> 也许应当给予德意志观念体系机会,让它自由地和无偏见地发展。也许在这一进程中,德意志观念体系能够通过现实当中的试错来纠正并纯化其各项原则,然而,这并非命中注定之事。只有解放战争年代为数寥寥的几个伟大人物得以在这样的条件下工作和思考。紧接着1815年的便是古老的启蒙专制主义的回归;由于缺乏更好的目标,启蒙专制主义便成为新观念体系的使者。由此而崛起了一种必然性,要借助德意志精神和德意志文化的资源来建造一个新的和统一的德国,这已经成为当务之急。随之而来的便是同新一轮的西欧思想浪潮的接触和抗争。1848年的革命之后,人们便不再对古老的精神力量信仰抱有幻想了。最终到来的就是俾斯麦时代的现实主义,在糟糕的困境海洋中全副精力进行斗争,并竭尽全力地尝试从这样的抗争中取得政治统一。这一切最终导致原初的唯心论转变成为彻头彻尾的现实主义。确实,浪漫主义的基本观念依然存续着;没有迹象表明人们回归了自然法以及与之相伴的那些观念。各个独特民族心灵之集合的观念也转变为对普遍人性观念的蔑视情

感;对国家的古老的泛神论式的神化也转变为对成功和权力的盲目崇拜;曾经的浪漫主义革命则沉沦为对现状的自我陶醉式的满足。从特定时刻的特定法律和权利这一观点出发,人们对于国家的态度则转变为纯粹的实证性质的接受;精神秩序中的道德,一度超越布尔乔亚习俗,而今则转变为道德怀疑主义。德意志心灵急切地运动着,试图达成一种政治形式,试图获得体现,结果却不过是对帝国主义的同样的崇拜,帝国主义正在那一时代四处蔓延着。深陷这种晦暗不明的动机漩涡,思想便轻而易举地向着达尔文主义发生转变,达尔文主义乃是通过扭曲达尔文本人的观念而得出的一种哲学,无论在西欧还是在德意志,这种哲学都对政治和道德观念施加着灾难性的影响。德意志政治思想由此而标志为一种奇特的两元论,使所有的外来者都印象深刻。一方面,可以看到浪漫主义和卓越的唯心论的大量残余;另一方面则可以看到已经处在犬儒主义边缘的现实主义,完全漠视所有的理想和道德。不过最重要的则是这两种元素之间令人震惊的融合,简言之,就是将浪漫野蛮化,将犬儒主义浪漫化。

稳重和谦逊是这个评论的特征;然而,他让德意志民族以一己之身担当全部罪责,似乎过于沉重。历史证据也并不会支持他的这种"罪人"心态。尽管特洛尔奇的这次著名演讲以对斯宾格勒的严厉批评结束,但不难体认此种心态背后所潜藏着的正是斯宾格勒对于历史之"周期循环"的论断。在"三十年河东,三十年河西"的历史兴衰中,谁又能知晓命运的沉浮将以怎样的形态重现人世呢?

就像提到古代雅典就不能不同时联想到斯巴达、提到古罗马就不能不联系起迦太基那样,要想理解和判断1789年之后的德意志状况就不能不联系起法国。特洛尔奇认为,在拿破仑战争之前的年代实际上是德意志历史上的"世界主义"年代,此一年代的理想特征就在于其世界性的人道理想以及"世界公民"理想。沃尔夫关于文学的观念、温克尔曼关于艺术的观念,以及那一时代盛行于中欧的国际法体系所支持的国家间直接性的公民联合体观念,乃是这些理想的典型体现。即便这些理想的母体依然是后中世纪时代神圣罗马帝国的那种柔弱的政治氛围,但这些理想本身对德意志民族来说,依然是非常珍贵和永远值得捍卫的。在以法国为代表的西欧,同样的理想和观念主要是透过自然法关于普遍人性的设想体现在政治和经济体系当中,从而表现出强硬的政治感觉和意识。德意志由于缺乏可以作为载体的主权国家,因此不得不将这些理想向宗教和文化的更深层面推进,结果便体现为以洪堡为代表的关于人格塑造的希腊式教育理想,以及康德关于先验理性和"世界公民"历史哲学的宏大设想。然而,由于德意志在随后的历史进程中很快便抛弃或者背离了自然法观念及其普遍人性的设想,从而在西欧和德意志思想及政治之间划下一道无法克服的鸿沟,正是这一鸿沟决定了两个世界的不同命运。至于造成这种背离的原因,特洛尔奇将之归为德意志过于急进的历史进程。在他看来,从神圣罗马帝国向现代主权国家及其建设的跨越相对于半个世纪的时间来说,似乎是一个过于沉重因而难以负担得起的任务。这一论断的确不乏辩护的色彩和意图,况且论断本身似乎也忽视了自然法观念即便是在作为政治载体的西欧也同样经历过并且一直经历着来自浪漫主义势力和保守势力的严重攻击与重大调整。不过一旦将这一切暂时抛开,就不难发现,特洛尔奇毕竟揭示出一件根本性的历史事实,那就是:德意志在 1789 之后的理想和生活在主要方面乃是对法兰西事件的回应。

　　布赖斯在《神圣罗马帝国》中不乏明辨地概括了 1789 年之前的德意志政治状况:"但条顿王国的真正力量是在追求一件金光闪闪的东西时浪费掉的:每位皇帝都在自己统治期间至少要进行一次长期而危险的远征,并在耗尽钱财的、一再反复的斗争中把兵力浪费掉了,而这些兵力本可以用在别的地方打胜仗,或用在国内震慑人心、使之服从的。"[1]布赖斯几乎是以一种英国人特有的透彻眼光将神圣罗马帝国这个奇特得近乎无法拆解和分析的有机组合体进行的活体解剖和诊断。诊断的最终论断是直陈神圣罗马帝国既非现代政体的类似物,因此也就缺乏基本的政治目标和权力意识。在随后对《神圣罗马帝国》的补充中,布赖斯甚至暗示,神圣罗马帝国既不神圣,亦不罗马,更非帝国,就此而论,这一有机组合体在政治作为方面,甚至比不上在作古之前便早已僵死数百年的拜占庭帝国。换言之,条顿民族从不曾集中自己的力量,将之置于锐利的刀锋之上,接受命运的考验,并由此真正地检阅这种力量。

―――――――――――――――

[1]　J. Bryce:《神圣罗马帝国》,New York, 1904 年,第 199 页。

### 费希特的人民观和权利观

然而,1789 年法国大革命在法国造成天翻地覆的局面的同时,也深深刺激了沉睡已久的德意志政治神经。施勒格尔评论说:"法国革命,费希特的《科学论》和歌德的《麦斯特》标志着我们时代的最伟大的倾向。谁不同意这种对比,谁不认为还未公开表现为物质形式的革命十分重要,他便是没有提升到全人类历史的广阔眼界。"[1]这意味着法国大革命已经唤起了德意志民族对于现代政治和世界历史极其严肃的参与意识。费希特和康德一样,从纯粹哲学的角度来理解这场革命,将革命视为一场人类对自身力量的切实检验。尽管在法国由旧制度、在中欧由神圣罗马帝国及其哈布斯堡-罗马天主教体系所熔铸的外部世界与人自身的力量相对立,并且如钢铁般坚硬,但法国大革命证明了人终究能够凭借自身的力量和行动来摧毁并改变这一切。发生在 1789 年下半年的激进事件使德意志保守阶层获得了反击革命的大好机会,保守阶层希望借此在生活于天主教保守氛围和新教虔信派氛围中之下的普通民众阶层确立一幅有关革命的恐怖形象。费希特则针锋相对,发表了《为纠正公众对法国革命的判断进一言》演讲:

> 难道你们要用孩童的力量来衡量成人的力量吗?难道你们认为自由的人将来所能做到的,并不多于带上枷锁的人过去所

---

[1]　《古典文艺理论译丛》,第二册,人民文学出版社,1961 年,第 53 页。

能做的? 难道你们是按照我们的普通强度来评判一个伟大的决断给予我们的强度吗? 你们要用你们的经验做什么呢? 这种经验是否把我们当作有异于儿童、带枷者和普通百姓的人呢? 你们也算得上判断人类能力的限度的合格的法官吗? ……你们这样的人竟能判断人能够做什么吗? 你们的力量竟是人类力量的尺度吗? 你们可曾听到过创造神的金翅在振响——不是那为鸣唱而激动的创造神,而是那为行动而激动的创造神? 你们可曾大声疾呼过? 我要你们的灵魂,你们可曾不顾一切官能的诱惑,不顾一切艰难险阻,历经长年累月的斗争而放下你们疾呼的结果,并且说一声:结果是在这里? 你们是否感到自己能够当着专制暴君的面说:你可以杀死我,但你改变不了我的决断? 如果你们不敢,就从这个地方退开吧,此地对你们来说是神圣的。人应当做什么他就能做什么;如果他说:我不能,那就是他不愿。[1]

这种关于人类力量和能力之无限性的意识显然来自卢梭,不过费希特对卢梭式的情感主义和感伤主义中透露出的颓废感到厌恶,并认为这违背了时代的伟大倾向。并且费希特对人类的幸福诉求乃至任何的功利诉求都表示出激进的拒绝,并判断这种诉求乃是与政治行动没有关联的事情。这一点他无疑继承了康德,但费希特彻底改造了康德式的自由主体,将之从一个毫无内容和目标可言的纯粹沉思主体转变为一个赋有明确目标意识的行动主体。在《人的使命》

---

[1]　转引自洪汉鼎《费希特:行动的呐喊》,山东文艺出版社,1988 年,第 91 页。

中,费希特一再强调的主题体现在一个著名的段落中,这个段落立刻表明了他在何种程度上远离了康德或者卢梭的启蒙观念,同时也立刻表明了他对虔信派的神圣观念进行了怎样的改造或者攻击:"不仅要认识,而且要按照认识行动,这就是你的使命。你生存在此处,不是为了对你自己作无聊而没有结果的沉思,也不是为了对虔诚感作深刻的思考——不,你生存在这里,是为了行动,你的行动,也只有你的行动,才决定你的价值。"以洪堡代表的普鲁士人道理想团体在大革命时代的世界眼光,实际上来自他们对希腊均衡发展的人格理想的崇拜。这一理想在强调人的个性、尊严和价值的同时,也强调人的多样性,其中既包括理性能力的成分,也包括灵敏感觉的成分,也即艺术的成分。此一人道理想的表现形式非常模糊,但根本点则在于强调理性能力和非理性成分的均衡发展,在他们看来,人只有借此才可能达成一个和谐的整体。在这一团体对希腊人的崇拜中,极其令人奇怪的是缺乏对希腊尤其是雅典的政治价值的任何欣赏。他们一般地认为这样的政治价值由于不可避免地要与短暂而且丑陋的功利联系在一起,而无法获得恒久的价值,更是对美感的严重损害。因此,他们不曾从权利的角度去考虑自由问题,自由对他们来说乃是一种内在的精神,这使他们远离了启蒙运动以及功利主义运动中的个体概念。对洛克、孔狄亚克、爱尔维修或者边沁来说,个体既意味着实际生活中的人,同时也是权利或者社会效用的实质性单位;而对德意志人道理想来说,在现实生活中发现个体是荒谬的,他们的个体只能在更高的观念中,也就是教育或者先验理性的观念中寻找。洪堡正是在这个意义上,而不是在古典自由主义的权利和福利意义上,来严格限定国家行动的范围的,这一限定之严厉即便洛克和亚当·斯密也不免为之咋舌,然而其要旨却在于避免国家的公民福利设想和行动损害到"人的尊严"和"精神价值"。康德在《世界公民观点之下的普遍历史观念》中所得结论可谓严格贯彻了他的绝对律令。他指出,自然并不关心人的"幸福",而只关心"人的尊严"。对幸福或者功利的拒绝构成了德意志权利观念同西欧自然法和权利观念的根本性分野,并使得德意志权利观念在等同于文化和精神观念的同时,也丧失了同西欧古典政治经济学中的"幸福"观念建立联系的桥梁。换言之,德意志权利观念从这一时代起就注定了不会具备西欧自然法和权利观念中的政治意识和政治价值。费希特关于"人类行动"的呼吁则正式促成了德意志对西欧自然法和权利观念的拒绝。

在这个问题上费希特的观点产生过一系列的变动,即便他一开始采取了个人主义的和西欧式的权利观念来构想社会专制问题,但他从未想过同"幸福"和"功利"观念进行和解,这一点意义特别重大。1793 年到 1796 年,他在谈到"权利或法律的目的"时,倾向于依据权利观念来思考国家的经济变革问题。1800 年他甚至从这一观念中得出某种带有社会主义性质的国家,此种国家的目的乃在于普遍的公民福利。然而,到了 1804 年,他已经很快地不再从福利的角度来思考国家的目的,而是将国家和公民体系的价值扩展为"人类的目的",国家的目的由此而从福利转变为推进民族文化,而不是像英格兰宪政或者法国国民议会那样,致力于具体的福利观念和政治经济学观念。1807 年,他进一步描绘了一幅教育性国家的理想蓝图。再往后,他则致力于调和后期的教育目的、道德发展和早期的以公民福利为基础的经济设想,在这一设想中,前者逐渐取代了后者。与他有关国家之功能的观点所发生的变动相对应的,他有关个体与社会之间的关系的观念也在发生变动。起初,他强调了人的不可剥夺的权利观念,这种权利是任何形式的契约都不能毁灭的。在写于1796年和1797年的《论自然权利》中,他反对卢梭,并强有力地指出,个体仅仅是将自身存在和本质的一部分融入有组织的整体当中,而在其他方面仍然是"一个完全自由的人格,并没有编织到政治身体的整体当中"。然而,他在1804年发表《告同胞书》的演讲之前,就已经完全改变了他的观点,个体在此时已经完全融入了作为整体的国家当中。个体自身不再拥有任何东西,而作为国家的成员,他则拥有一切;他全然成为国家的工具,只是在"涉及作为人类的成员所必然的目的"时,个体才拥有决定权。

与此同时,费希特也模仿洛克、西德尼乃至弥尔顿,构思着某种具有政治决断权的人民集会;然而,他所设想的这些集会必须是"真正大规模的群众集会"。如此的"大规模民众集会"乃是必需的,若非如此,人民的力量就无法无可置疑地显示出对行政官员的优越性。人民绝不会是叛乱者;因为还有什么会比人民更强大的呢?人民运动的领袖人物则很可能倾向于成为反叛者;但是只要人民追随他们,这种假设的倾向也就可以随之取消了,并由此而可以宣布这些领袖人物乃是顺同公意的。

在1804年到1805年的系列演讲中,费希特将国家同其个体成员剥离开来。他此时将国家描述为"一种其本质乃不可见的观念";国家并非"众多个体,而是众多个体相互之间的持续性关系,个体的活动乃是此一关系的活的和运动着的创造者，就如同存在于空间当中的个体那样"；国家同时也显现为一种"结果"，其缘起乃在于各个统治者的领导权同被统治者的力量之间所取得的联合，只要被统治者追随统治者。费希特最终采纳的乃是一种人格化的国家观念，将主权归于"相对于法律和权利的要求而崛起的意志"，此一意志正体现于统治者身上。

将费希特的人民观念和权利观念同西德尼和洛克的相应观念进行比较是非常有趣的。西德尼指出，人民是所有权威的源泉；人民创造了权威，人民决定了权威的限度；人民必然保有立法权力，即使在君主政体中也是如此；人民一直都会是超越于所有官员之上的评判者。统治者乃是由人民任命并向人民负责的一个官员。如果统治者发布的命令并非公正，那就没有必要服从；如果统治者滥用职权，则抵抗就是允许的，甚至可以因此将统治者去位"一个国家的普遍性造反不能称之为叛乱"；人民因此而保有自由集会的权利。洛克实际上也持同样明确的看法。人民或者共同体将始终是所有权力的根基，并且也仍然保有收回权威的权利，尽管人民的"最高权力"只是在权威解体或者丧失的情况下才能够进行自我表达。尽管洛克所理解的人民观念是以议会为核心建立起来的，西德尼则有着更多的大众诉求，但至少洛克的论述形式也是同样鲜明的。他在《政府论》下篇著名的第13章中陈述说："多数，自身天然地拥有……共同体的全部权力，可以在任何时候运用所有的权力为共同体立法，并由他们自己任命的官员执行这些法律，政府形式也将由此而成为完善的民主制。"这多少让人预见到了卢梭。我们必须承认，洛克认为人民乃是将其权力委托给了"立法机构",而非亲自进行立法。即使如此,洛克更致力于提请人们注意,他并没有谈到人民和立法机构会有相互担当的契约,而只是谈到人民所采取的单方面行动,将一种受托的或者"信托的"权力赋予立法机构。由此观点则可以推论出,人民从终极的意义上都将是高于纯粹立法机构的,人民拥有另外的和更高的"最高权力,只要人民发现立法机构违背了其中的信托,就能够撤除或者更改立法机构"。

在法国,西耶士在关于第三等级的性质的小册子中指出,所有的社会团体都破坏着国家的同一性,而国家则仅仅包容个体以及在全部个体中间共同的和平等的东西。公民不能联合成为团体,这是社会秩序的题中之义。立法者若自身创立团体,或者当这些团体自我生产之时给予认可和确认,或者宣称那些最特权化的团体乃是国民议会的组成单位时,立法者或者立法机构也就把自身的荒谬推进到了顶点。国民意志与个人意志之间的呼应在此取得了直接和强烈的形态;经由国民个体而达成的一致性诉求不容许等级利益、团体利益以及多元利益从中破坏。与西耶士在国民议会论辩中同处一个阵线的迈金托什则以富有论辩精神的语言总结了其中的精华:"法律也许不能鼓舞纯洁的爱国主义。不过,难道因此就应当豢养那种终将成为国家最致命死敌的团体精神吗?"[1]

不难看出,构成德意志权利观念和西欧权利观念的根本性分野的东西,并不在于对于权力和权威的划分与归属,而在于双方观念的

---

[1] 以上引述参见基尔克《自然法与社团理论:1500—1800》,London:Cambridge University Press,1960 年,第 105 页往后。

基础。鼓舞西欧观念的基础始终是古典政治经济学关于公民福利和
幸福的普遍设想。在这一设想当中,个体公民也始终都是进行福利
和幸福测量的权利单位,并且这一单位是可见的和不可摧毁的。德
意志权利观念的核心内容恰恰在于对此种古典经济学幸福和权利观
念的拒绝。无论是费希特还是洪堡,也许都并不坚持国家对于个体
性乃至人民的权力优先地位,但同古典政治经济学的这种类似只是
表面上的,所掩盖的则是双方决然对立的观念基础。在费希特和洪
堡看来,国家和人民首要地并非经济或者政治概念,而是文化或者教
育概念。依据这种概念,民族、国家和人民乃是一体的,德意志国家
首先是个精神和文化的统一体,这一统一体所需要的和所鼓励的并
非古典经济学所提倡的那种机械的政治联系和公民福利方面的经济
联系。正如洪堡在《德意志宪法备忘录》中宣称的:"在自然将个人
和民族联系到一起,并使人类与民族相一致方面,存在一种深层的和
神秘的方式,通过这种方式,本身什么都不是的个人与只是在个人中
才有意义的种族(Geschlecht),走在相应的和逐渐发展自身能量的正
确道路上。……请相信我。在这一世界中只有两种好的和有益的力
量(Potenzen)。上帝和民族(Volk)。两者之中的所有一切都是没有
用的,我们的用处只取决于我们与民族(Volk)的密切程度。"[1]

　　在追究造成德意志权利观念同西欧权利观念分道扬镳的原因
时,伯林评论说:

---

[1]　转引自伊格尔斯《德国的历史观》,译林出版社,2006年,第66—67页。

在弗里德里希·施莱格尔的小说《卢辛德》和蒂克的《威廉·罗维尔》中受到推崇的自由的无政府精神,在它的社会化形式里导致了自给自足的观念——费希特、弗里德里希·李斯特,以及许多社会主义者的封闭的、中央计划的社会,这种社会把自己与外界干涉隔绝起来,以便可以独立并且在没有任何其他人干涉的情况下表现自己的内部特性。这种自我隔绝——关注内在生活并只关注我可以控制的东西,根据某种不屈从于外界影响的东西来定义自我或我自己的社会共同体——毫无疑问是与黎塞留和路易十四加之于德国的失败和灾难有历史渊源的,同时也是和一个屈辱的民族接下来恢复自尊的情感要求联系在一起的,其方法就是退回到一个征服者无法占领的内部堡垒——它的内在生活,任何暴君都无法占领,任何自然灾难都无法毁灭的精神领域。[1]

这个评论只道出了一半的真相。如果说国家的基础在洪堡那里仍然展现为一幅普遍的教育和文化图景,一方面洪堡在其中依然秉持人道理想所特有的无政府主义精神,将国家设想为根本有害的和纯粹机械的东西;那么在另一方面,洪堡在德意志宪法中所透露出的封闭社会的设想无疑同费希特关于“封闭的商业国”的设想形成对应。洪堡团体对于古希腊人格理想的崇拜实质上存在致命缺陷。这种缺陷表现在它无法形成明确的政治表达,作为政治性国家的基础,

---

[1]　伯林:《现实感》,译林出版社,2004 年,第 206 页。

这一理想既无法自立也无法维持。梅尼克后来认为正是这种非政治的人道理想从精神上阻碍了德意志现实政治中的国家建设,文化理想使德意志民族的现实政治感受力屡屡遭受挫折,梅尼克视之为德意志政治历史中的一服"毒药",进而相应地将俾斯麦的现实政治策略视为一服"解毒剂",并将俾斯麦视为德意志民族政治的最后一位伟大教师。[1] 这在很大程度上确实道出了历史的实情。德意志的政治崛起势必形成对古典教育理想的冲击,这是首当其冲的事情。若非如此,德意志民族政治便无法形成并表达自身的政治意志。费希特唤起行动意识,并同赫尔德一道诉求德意志民族的大众情感,这实际上意味着同仅限于传统精英阶层的古典教育理想和文化无政府主义理想在国家观念方面的决裂。

**普鲁士之鹰起飞**

德意志在拿破仑战争中再次遭受历史性屈辱,这无疑加速并最终促成了上述的决裂。在紧随解放战争之后的那些年里,有关政治权力之精神性的设想取代了古典人格的教育理想,成为德意志民族政治的载体。普鲁士学派的历史学家和维也纳学派的历史学家们就神圣罗马帝国的功过问题所进行的争论,看来仍将旷日持久地进行下去。但在一个列强环伺、阴云密布的世界当中,德意志民族要求得生存就不能继续仅仅占据"理论的天空"了,必须在普鲁士和维也纳

[1] 参见梅尼克《世界主义与民族国家》,上海三联书店,2007年,第一部分第十二章。

之间作出选择,以便决定中欧政治霸权的归属问题;理论上的争论既然没有尽头可言,便只能诉诸武力来解决。普鲁士之鹰羽翼渐丰,看起来便要在此刻准备起飞了。斯泰因改革正是起飞的先声。斯泰因改革由于就商业和税收体制所进行的自由化改革实际上是模仿法国旧制度时期重农学派的榜样,只不过更带有保守和渐进的色彩,这是为了消除普鲁士保守阶层主要是地产贵族的警惕和反对,即便如此也仍然招来地产阶层的重大反对。这很大程度上是因为地产阶层将这一改革措施误解为英格兰式的个人主义市场体制的前奏。幸运的是,这一误解并没有造成重大悲剧,改革在没有造成社会震荡的前提下卓有成效地解决了普鲁士重建所需要的财政支持,地产阶层虽然远没有也无意转变成类似英格兰那样的农业资本家,但也确实从中获益匪浅。但是斯泰因解放农奴的法令则彻底激怒了保守阶层,因为这很容易使他们联想起法国大革命期间的农村激进主义,正是农村激进力量的释放导致法国资产阶级从旧制度和贵族体系的控制中解脱出来。幸运的是,遭受拿破仑毁灭性打击的普鲁士宫廷支持这一政策,原因是纯粹政治必然性方面的考虑:普鲁士力量重建的基础必须在复兴的农业和农村体系中寻找。事实上,以斯泰因和洪堡为首的普鲁士改革派的眼光超越了普鲁士宫廷的必然性见解。洪堡亲历过法国大革命,在巴黎的那段岁月中,深具政治家潜质的洪堡绝少以人文主义者和古典主义者的眼光看待问题,而代之以政治家的眼光。巴黎国民议会的辩论不曾触动他的情感,相反,他更多地选择了与米拉波基础,并深为米拉波关于现实政治和实力政治的透辟见解所折服。他和斯泰因同样看到农村力量的可塑造性和可诱导性,法国农民在获得解放之后立即放弃了任何的激进主义诉求,转而成为既定秩序的主要支持性力量,对此,普鲁士改革家们了然于心。事实证明,这一改革同样达到了预期效果。作为改革的最终成果,普鲁士不但巩固了以地产贵族为核心力量的君主制,而且此一君主制也同样获得了工商业阶层和得到解放的农村力量的支持。腓特烈大帝关于国王与人民之一体化的理想以及黑格尔的国家理性图景在后改革时代的普鲁士似乎接近完满了。

改革当然遭遇了重大阻力而大打折扣,很多人由此认为斯泰因和洪堡所寻求的乃是一条索伦式的中庸道路,他们只是在普鲁士框架所能接受的范围内寻求尽可能好的改革。但这样的论断给人见木不见林之感。斯泰因改革的根本性作用在于解除了德意志政治对法国大革命的浪漫观念。事实上,在法国大革命之前,"革命"一词本身并不包含关于人类进步的含义。无论是马基雅维利、博丹还是霍布斯,实质上都只是在"必然性"和"突变"的意义上使用革命一词,法国大革命则赋予革命道德和进步的含义,使之成为世界历史中的正面和积极事件,而革命本身的价值则是完全值得人们期待的。杰斐逊在革命过去一代人之后对革命本身之于人类的意义所做的概括颇有代表性:"世界将会如此——我亦确信世界将会如此(某些部分快些,某些部分慢些,但最终将遍及所有),觉醒的人们挣脱枷锁——这一修道士的无知和迷信劝服他们用以限制自我、相信自我统治的庇护和安全的枷锁。而我们代之以这样一种形式:恢复无限制地行使自由和言论自由的自由权利。所有的眼睛都注视着人类的权利。科学之光向所有真理的权力开放,普通大众不再在出生之时就背负马鞍,而少数优越者也不再穿长靴、带马刺,注定在上帝的光耀下合法地统治。"[1]

　　然而,普鲁士改革派解除了此种革命幻象。这倒并不全是出于对法国的仇恨,相反,在主要的程度上乃是出于一种更具现实主义的政治眼光。早在改革之初,改革派的一位大臣在进行自我辩护时,就明确指出:普鲁士改革并非愚蠢到照搬英格兰式的自由化思路。这位大臣还指出,英格兰推行自由化政策的成功之道,乃在于其雄厚堪称当世无双的财富基础,若缺乏这样的基础,改革将无法对必然造成的损伤进行弥补,而这些损伤当中的很多都是普鲁士君主政体无法承担的。普鲁士改革派兼具现实和深远的政治眼光使他们很快便意识到,无论是美洲革命,还是法国革命,都并未实现革命本身关于解放人类的承诺。毋宁更恰当地说,美洲革命之所以能够达成独立的目标并实现宪法的统一建构,原因就在于作为革命精英的美洲财富阶层能够在抛弃大众的前提下,展现出强大而富有充分效果的控制能力,成功地窒息并转换了激进主义力量,将之用于立宪工作。法国大革命也经历了类似的轨道,即便说法国革命取得了成功,也只能在资产阶级在激进力量的逼迫下不得不取得国家的独立控制权这个意义上而言。实际上,法国资产阶级就其自身而论,并无此种政治意志,也没有迹象表明法国资产阶级曾经作出类似的政治决断。直到1791 年,法国资产阶级依然更惬意于同贵族结盟,生活在贵族网络的庇护当中,总比自我奋斗要来得舒适;若没有一系列偶然事件的干

---

[1]　转引自卡尔佛特《革命与反革命》,吉林人民出版社,2005 年,第37—38 页。

预，这一切都是完全可能的。

　　关于资产阶级革命时代财富与革命的关系，阿伦特《论革命》中的总结性评论可谓坦坦荡荡："当别人告诉我们通过自由我们才理解自由的事业，我们很少会做点什么来驱散这个荒谬的谎言，而且，时常我们装作我们也相信财富和丰裕在战后东西方的'革命的国家'中危如累卵。我们声称财富和经济上的福利是自由的产物，而我们本应该首先明白这种'快乐'革命之前就已经在这个国家得到保佑和祝福了，而且它的原因在于在温和的政府下自然的丰沛，既不是政治自由也不是资本主义释放出来的'私人动机'；而政治自由和资本主义在缺少自然财富的情况下只会将每个地方都导向不快乐和集体贫困。"[1]

　　普鲁士改革派一开始就对此有着本能的意识。正是这一点成为我们理解德意志历史法学派反对自然法的基础。与实证法理学因致力于首先理解事实而持续表现出来的保守倾向相反，自然法国家理论的激进性格可谓深透骨髓。它赖以立身的基础是非历史的。不论就其努力而论，还是就其结果而论，它都绝不是简单地对这个世界的生活原则进行科学解释，它的目的本不在此。相反，自然法观念致力于对一个新的未来进行阐发和证成，人们召唤这一新的未来进入现实。正如韦伯指出的那样，自然法观念不是在哈林顿或者孟德斯鸠那里，而是在霍布斯和洛克那里收获了真正的果实。此种论断的原因很显然，现代自然法观念的题中之义并非像哈灵顿或者孟德斯鸠

---

[1]　阿伦特：《论革命》，London，1963 年，第 219 页。

那样以尘世政体恒久性为依归,而是更为突出意志和变化的非稳定力量,以及变革和突进性的力量。自宗教战争之后,自然法观念迅速取代宗教方面的观念,突入尘世政治的组织和斗争当中,成为对人类能力的伟大和可完善性进行考验的首要标尺,这一点在英格兰内战以及法国大革命所引发的世界性波澜当中都表现得相当明显,而且并不难理解。简言之,自然法的国家理论和人性理论与实际的历史进程之间的关系绝不会是纯粹消极的,甚至也不是相互调适的。相反,它总是作为先驱而为改造人类生活作好铺垫;它锻造出智识武器用于新社会力量的斗争。为此,自然法观念一方面高扬理性的旗帜,另一方面也强烈地诉求激情甚至是人类自身意志的力量,并不惜为了后者而牺牲前者。霍布斯即是典型,启蒙时代的思想家们无一不是深谙激情之力量并表示崇敬的人物。法国大革命以及国民议会的立法辩论因为充斥着数量庞大的自然法诉求,使得很多重大立法都成为毒辣的团体利益和高扬的人类理想之间奇特结合的复杂产物。这种结合虽然奇特,但却具有必然性。也许自由和理性是好东西,自由和理性仅就自身而论确实也能够成为人类社会所能取得的最高成就。但法国革命的真正问题在于,革命的精神最终没能在共和制形式当中找到自我表达的机制,反而造成自身的毁灭;反过来也可以说,任何的共和制政治表达形式都因为错误地强调理性和激情之间的对立,从而不能容纳自然法所蕴含的变革激情,最终招致自身的毁灭。

　　基尔克就西欧自然法观念所作的评论堪称纯正的德意志见解:

　　将自己的论证建立在武断设立的前提之上,并辅以无情的逻辑力量,霍布斯便得以从自然法的个人主义哲学中硬生生地构造出单一的国家人格。霍布斯拓展了自然权利观念,扩展的幅度之大致使自然权利实际上意味着一切人对一切的权利。他之所以这么做,乃是因为他期望自然权利由于自身力量的过剩而自取灭亡,如果自然权利还想存活下来,就只能以'全体权利'的形式方能求得生存,而'全体权利'则要么交给单个的人,要么交给一群人组成的单一实体来掌控,而这实际上就等于把原初的自然权利转化为赤裸裸的权力。霍布斯使个体变得无所不能,这样做的目的就是使个体可以凭借自身的无所不能而随时毁灭自己,由此便可将国家权威的'载体'推上神位,使之成为可死的上帝。在此种纯粹物质主义的和机械论的完满当中,自然法的国家理论似乎也到达了发展的终点。不过它并没有陷入这种早熟式死亡所造成的无效果当中,相反,它从一度威胁到自身生命的危机当中汲取了新的和出人意料的生机。在未来的运行当中,自然法理论时而是建设性的,时而是批判性的;但它无论如何都要依托于霍布斯所建造的那个思想体系。[1]

　　针对同一时期在法国共和政体中经常遭到滥用和曲解的自然法思潮,德意志唤醒了对自身过去和现在的强烈历史意识,这种历史意识就其纯粹的原初状态而言,表现为对事实的绝对尊重,并要求在尊

---

[ 1 ]　基尔克:《自然法与社团理论:1500—1800》,London：Cambridge University Press, 1960 年,第 323 页注。

重事实的基础上建立分析和判断。在此种氛围之下,自然法思潮的未来指向往往被等同于神话叙事。这样的神话叙事,在普鲁士历史学派看来,与其说是诉求人类的理智,倒不如更正确地说,乃是诉求人类的情感和想象。在人类自身的各种机能中,情感和想象最难以驯服,也正是这两种力量往往促成错误的政治决定和具体政策。此一时期代表性的普鲁士智识精英非兰克和萨维尼莫属。在兰克看来,历史授课有着非同一般的意义,是对人们进行通识教育的源泉。兰克很大程度上继承了康德关于历史连续性的观念,并认为历史授课的本质就在于对历史连续性的诉求,是讲解"在人类种种命运的链条上如何取得精神上的满足的"。对兰克来说,历史的大川最好是安然向前流去,本人就必然要置身其中的人们所需要的就是明辨,获得这种明辨的基础就是讲求适度。深受虔信派精神洗礼的兰克,终生都怀着宗教式的敬畏之情看待历史,他最常提起的格言就是:历史之神会因为人们的轻率和鲁莽而为自己复仇的。"一切历史中都有上帝居住、生活其中,让人看得见。每件行动都证明上帝的存在,每个时刻都是对上帝之名的宣扬,但在我看来,最能说明上帝存在的,就是历史的连续性。"历史绝不是"一连串孤立事件的无意义链条",相反,其中终究存在"大趋势"或者"主导理念",具体的政治判断应当以对此种"大趋势"或者"主导理念"的理解和明辨为基础,"道德力量最终来说总是要取胜的"。为此,兰克对普鲁士资产阶级自由派的种种"神话"和"狂想"提出严厉批评,认为他们因其利益所致而兼具怯懦和疯狂,同时因为忽略历史的考虑,而近乎完全的愚蠢,他们"不懂得宪法,只将警察作为行事的风向标;只知道自己家中的沙发,不知道有祖国；除了现款外不知道有其他收益"。他进一步以自身为例，对普鲁士日益倾向于浮躁的政治势力提出警告："我觉得无论我是什么、我想什么、我希望什么或者希望得到什么，其中都并不存在任何意志，至少是不存在自由意志，存在的只有'非做不可'。"兰克对政治一贯保持超然和冷漠态度，是因为他深谙一个道理：在政治生活中，道理尽管可以说服人，但情感和想象更难驯服。对此，他多少曾带着华伦斯坦式的神秘语气谈到，"每一个人都是在统治着世界的星辰的影响之下生活的"。[1]

　　萨维尼则是在对罗马城市在神圣罗马帝国以及近代的存续及其影响的研究中，发现并深刻体验到历史连续性的稳重力量，"罗马法甚至在像野蛮人入侵那样暴烈的混乱中仍未被全然摧毁，法律在民众的风俗和诉讼中继续存在下去，并以这种形式传至全欧洲"。这是他的名著《中世纪罗马法史》的总命题，以此种对历史连续性和残存性的强烈意识为基础，他反对源自西欧自然法观念所表现出的那种富有魅力的创造性，仿佛法律是和民族史毫无关联的任意创造物。在《中世纪罗马法史》第一卷的一开篇他就陈述了历史法学派总的思考纲领："如果每个时代真的不是任意地、自以为是地独立采取行动，而是以不可分割的共同的链条和过去时代整体地联系在一起的话，那么每个时代便应该接纳过去的某些因素，这些因素是有用的，同时也是积极的；所谓有用，指的是这些因素不需要依赖当代的意志和武断，所谓积极指的是这些因素不是由外来意志强加的，而是作为一个

---

[1]　以上参见兰克《历史上的各个时代》，北京大学出版社，2009 年，"编者导言"和"序言"。

整体的民族性本身所赋予的,这种民族性是在其本身的连续不断的发展中维持并保存期本身的。今天的民族只不过是这种永恒的民族整体上的一个部分。它的意志和行动都是在这个整体以内并和整体一起实现的,因此可以说,整体的强制命令同时就是作为肢体的局部自愿完成的。"[1]显然,萨维尼尝试凭借兰克所提供的历史连续性观念,以及由黑格尔哲学所提供的历史整体性观念,来反对西欧自然法观念所激起的狂躁政治试验。

1848 年席卷欧洲的革命浪潮也同样席卷了普鲁士,普鲁士君主政体在这股浪潮的冲击下表现出不应有怯懦,并在同一年诞生了一个平庸的议会,这恰恰印证了兰克关于"情感和想象更难驯服"的警告。通过这个议会,德意志资产阶级希望德意志君主政体以及德意志民众一劳永逸地接受一种观念:拥有决定性政治和经济力量的是议会而非国王。1862 年,议会否决了君主制内阁的军事预算案,企图模仿法国革命中的前辈,向国家力量提出正式挑战,并试图接管权力。面对此种压力,普鲁士国王甚至开始考虑退位。无疑,双方都错误的估计了自身的力量。尼布尔曾有论断指出:只有同时也是政治家的人才能书写古罗马的历史。这话用在此一时代的普鲁士身上更有分量。威廉国王任命俾斯麦统领内阁对抗议会,这项任命的正确性并非建立在国王对历史当中"主导理念"的明辨,以及对俾斯麦的真正了解之上;恰恰相反,国王是在仓促和忙乱之中偶然给出了这项任命。普鲁士君主政体就是以这样的方式找到了有能力继续书写普

---

[1] 以上参见萨维尼《中世纪罗马法史》,Hyperion Press,1979 年,第 1 卷。

鲁士历史的政治家。

　　的确,1848 年到 1862 年这段时期,由于中产阶级的错误和狂热导致了一系列表面上令人赞叹,实际上却是含糊不清的夸张和错误的试验。这一系列实验很可能会置普鲁士经历一代人而辛苦积累起来的成就在一夜之间灰飞烟灭的境地。正如当时最有说服力的历史学家齐伯尔评论的那样:"广大人群感受到迫切的需要……朝着这个方向发展的潮流继续高涨,创造出各式各样应有尽有的有用的细节或者无用的东西……但发生的事情……以失败告终。直到强有力人物的出现,他不但能够较之任何人都更优越地认识时代趋势,而且能够抓住正确的手段实现这些理想。……俾斯麦就是这样一个人物。"[1]

## 俾斯麦的回应

　　俾斯麦面对中产阶级的挑战所作出的回应是强有力的,但这种回应并非像带有偏见的人们认定的那样是出于对中产阶级的先在的容克式的仇恨,毋宁说,俾斯麦的回应乃是纯然建基于对国家理性和国家利益的精确认识和构思之上。他指出,"现在的重大问题不由演说和议会来决定,那是 1848 年和 1849 年犯下的大错,而是由铁和血来决定"。1863 年他再次警告议会,"如果不能达成妥协,而冲突正在酝酿,那么冲突就成为权力的问题。谁拥有权力,谁就能按自己的

--------

[1]　齐伯尔致马尔克斯的信,转引自汤普森《历史著作史》,第三分册,商务印书馆,1996 年,第 292 页。

意见行动"。俾斯麦绝不是那种带有顽固的容克偏见的旧秩序的奴仆,相反,他终生都认为他如此热烈捍卫的旧秩序应当同自由主义的中产阶级和民族主义运动讲和。但俾斯麦也同样强烈地认定,讲和的前提是普鲁士君主政体不能丧失对权力的意识和权力本能,这是普鲁士生存和强大的枢纽。若丧失了此一枢纽,那么一旦自由化的中产阶级针对国家提出最狂野的要求和梦想,普鲁士就将无力抵抗,国家本身也将立刻遭到解体甚至灭亡的命运。[1] 对于依然保有自我反思能力的那部分德意志自由主义者来说,没有谁比鲍姆加登更准确地评论俾斯麦的政治功过了,他在题为《德意志自由主义的自我批评》的文章中承认:"我们认为通过激情就能改变德意志。但是……我们政治体系的几乎所有原则都被事实自身证明是错误的……但我们已经经历了一个几乎无与伦比的奇迹。我们自身那些原则的胜利本来将给我们带来至深的不幸,幸运的是,我们自身原则的溃败最终带来了无限的得救。"[2]

　　1880年代,俾斯麦发起社会保障发案,率先打造了现代工业化国家的第一个系统性的国家福利制度。这是对英格兰维多利亚时代自由市场经济体系及其济贫法体系的根本性挑战,俾斯麦的社会保障法案的基础乃是对德意志国家之"整体性"的设想,而非古典经济学体系关于国家和社会之两元对抗格局的传统观念。围绕俾斯麦的福利国家举措,也诞生了经济学的"历史学派",它挑战者古典经济理论

---

[ 1 ]　以上引自俾斯麦《思考与回忆》,第二卷,生活·读书·新知三联书店,2007年。

[ 2 ]　转引自 H.Kohn《德意志心灵:教育一个民族》,New York,1960年,第156—161页。

的所谓普遍主义和个人主义，尤其挑战着其中的反干预主义偏见。在自由主义者的偏见当中，"福利"是一个用以描绘个人经验的词，依据此一理论，现有的任何国家援助将必须加之以怀疑和审察的目光，这些援助必须被视为市场的附属物，并局限在市场所允许的范围内。提供福利的原因仅仅在于遏制有可能来自贫困阶层的社会动乱，这样的动乱无疑会对财产权体系造成冲击。尽管维多利亚时代就福利问题提供了特殊的利他主义道德动机，但维多利亚时代的道德和伦理也反过来将福利的提供仅仅视为市场的"残余物"，仅仅限制在利他主义动机的道德许可的范围内。自由主义者的美妙说辞认为，国家提供福利将造成福利供给的自我增长和膨胀，最终将会制造出越来越多的福利依赖者，并瓦解人们的进取心；而维多利亚道德的根本信念恰恰在于：贫困乃是不道德和懒惰的同义词。社会保障法案所挑战的正是英格兰维多利亚时代的经济理论及其伦理和道德动机。

如果一定要为俾斯麦的这种颇具政治家之灵活性风格的立法行动寻找哲学基础的话，那就不一定非得到德意志唯心论传统或者历史主义传统中去费力寻找，此一哲学基础也同样在于有关"自由"的观念之上，这种"自由"观念正如同格林在其著名的《自由立法和契约自由》中所总结的那样：

当我们说到自由时，我们应该认真考虑我们的意思是什么。我们不仅仅是指免于限制或强迫的自由。我们不是指仅仅为己所好，却不管所好是什么的自由。我们不是指以他人自由为代价，而由一人或者一些人所享受的自由。当我们说如此高贵的自由时,我们指的是一种积极的权利或能力,它让我们去做那种值得做和值得享受的事情、有资格做和有资格享受的事情,那也是我们与他人一起做或者一起享受的事情,并且也是有资格与别人一起做或者一起享受的事情。[1]

换言之,俾斯麦的行动领域和思路表现出一个政治家的活动领域和思路,他对于经济学家和政治家之间的根本性分野有着本能的识别禀赋,这使他绝少以纯粹经济学家的眼光看待问题并指导自己的政策。伯林在其论述"政治判断力"的文章中,以俾斯麦为正确的典范而评论道:

那么,奥古斯都皇帝和俾斯麦明白,而克劳迪皇帝和约瑟夫二世皇帝不明白的,是什么东西呢?约瑟夫皇帝很可能在智力上比俾斯麦更为出色,书也读得远比他多,克劳迪的知识也比奥古斯都多了许多。但俾斯麦或奥古斯都具有很强的天赋,能整合或综合拼构成生活各个层次的稍纵即逝、支离破碎的丝丝缕缕和零散碎片,每个人在某种程度上都必须不停地整合它们,而不去分析自己是怎么做到的,自己的活动是否有理论上的依据。这事情每个人为了起码的生存都要做,但俾斯麦是在远为广大的领域里做,视野涉及更多可能的行动方针,运用的力量也远为巨大,以其手笔之大,气度之恢弘,堪称天才之作。不仅如此,那

---

[1]    转引自 *Green's Works*, London: Longman, 1888 年,第三卷,第371页。

些需要整合的零星碎片——把他们看成与其他零星碎片中的一些相互适合，而与另一些不适合；实际上就是看它们在现实里是否相互合适——那些生活的基本成分，我们在某种意义上过于熟悉了，我们与之过于形影不离，它们和我们太紧密无间，它们构成了我们生活的半意识和无意识层次，因此无法加以清楚地分类。[1]


## 德意志与英法之比较


人权原则在德意志历史中的运行，并没有像在英格兰或者法国那样经历过于惨重的人间悲剧和社会动荡，这主要应当归因于双方用以指导国策的方针的差异，这一差异是根本性的。西欧国家在漫长的历史进程中，深受自然法及其普遍人性观念的束缚，而德意志则在进入政治运行的一开始就从中摆脱出来。就人权问题而论，德意志富有灵活性的观念和政策乃是建基于对人权的不同理解之上。事实证明，若将人权仅仅视为抽象原则的组成部分，势必招致人权在内容上的自我封闭和纯粹法权化，这往往是重大人间悲剧的先导。德意志的人权历史则表明，将人权建基于人类内心本能的"解放"意识及其冲动之上，也许能够开辟出更多的空间，而这样的"解放"意识包括民族国家的层面，包括个体的层面。要是仅仅因为德意志民族曾

---

[1] 伯林：《现实感》，译林出版社，2004 年，第 53—54 页。

经制造出太多不切实际的历史哲学诉求和浪漫主义诉求,而继续责难这个民族,这就太不公正了,而且几近于侮辱。无论如何,我们都必须意识到这个民族也在同等程度上存在着对"事实"的尊重;正是这种尊重使得德意志民族的政治精英很早便意识到,"人权"这一词语如同"自由""平等"这样的词语一样,是不可能进行抽象定义的,毋宁说,它只能在历史的具体运行中才能逐渐获得并改进自身的含义。的确,19世纪的英格兰宪章主义者所争取的那些权利,比如工作权、劳动权以及最富有日常意义的生存权,在那一时代的英格兰宪法体系中,没有人会认为这些权利应当得到宪法的保护,更没有人会觉得它们是人权的题中之义,人们只是从具体政治策略的角度来看待来自人权的种种诉求。他们认为这些诉求中的绝大多数是不合理的,是过分的,尽管从纯粹私人情感的角度来看,并非没有值得怜悯之处,但也仅此而已;若不是经历如此众多的牺牲和斗争,恐怕这种情况仍然会继续下去。今天的人们,包括统治和财富精英们希望并且本能地认为人权乃是可以进行客观描述和科学定义的东西,这是因为这些人实在不习惯把人权的历史运行法则建立在阶级冲突或者社会斗争乃至内战的基础上,但历史事实再明确不过地提供了证明:人权若不将自身恒久地置于斗争和冲突当中,便只能导致自身的暗弱、僵化和死亡。18世纪的启蒙哲学家们和19世纪的古典经济学家们习惯在自然法的"天城"中构思人权,这是一场悲剧,也是一场错误,他们太乐观了。但20世纪对生活更为悲观的人们的阴暗想象也许不必成为现实,所需要的仅仅是人类付出全部的理智,当然还要一些运气。很多事情的关键确实像费希特说的那样,并不在于能不能或者该不该,而在于愿不愿;在涉及政治意志、政治决断和行动的问题上,政治家们确实应当常常站出来担当起采取行动的责任。很多人指摘俾斯麦的大众福利政策是伪善的,是为了在政党政治的选举竞争中赢得并控制大众选票而实施的手段。但事实上,在政治生活中,"伪善"一词也同样很难界定。如果一定要说俾斯麦伪善,那么那一时代的所有力图推进人权的政治家们恐怕没有一个能够逃脱同样的指责,包括迪斯累利、格雷斯顿以及林肯。对我们来说,真正重要的是意识到往往正是"伪善"才包含着政治意志的切实表达,只有不准备采取行动的人,才会表现出尽可能的"科学"、"客观"、"实证"以及"合法"。在这个问题上,马基雅维利的教诲值得恒久记取:没有人能比马基雅维利的英雄博尔吉亚更为"伪善",但也同样没有人能在政治意志和政治决断方面能与之一较高下。

# 六
## 人权历史之要义和影响

19世纪中叶往后的时期中,革命浪漫主义带来的仅具表面性质的威胁潮流迅速褪去,资本主义及其财产权和公民权体系随之进入了发展的巅峰期。毫不奇怪,这也是一切权利都将经历程序化、形式化和法典化的时期。勒南正是在这一时期就国家给出了可能是最符合"时代要求"也激发起最广泛赞美的定义:"国家过去是一种伟大的团结,它的凝聚力来自其公民为它或者准备为它作出牺牲的情操;但现在却不妨将之概括为这样一个不争的事实,那就是同意,明确表达出来的共同生活的意愿。如果你不介意用比喻的话,我们可以说,国家就是一种日常的公民投票。"(勒南:《何谓民族》,林国荣译,即将刊发于《海国图志》辑刊,北京大学出版社)此种将人权等同于财产权和公民权的作法,无论各人所持观点如何,却正是勒南所谓的19世纪的"不争的事实"。这一事实当然使人联想起安东尼诸帝的罗马帝国黄金时代,帝国在此一时代将公民权赋予帝国境内的所有居民。但此种公民权只是在财产及其所象征的秩序和安全的意义上,才获得正面意义,此外便只能说是罗马市民法中一条名义上的说辞;不管它的意义在一些人看来多么重大,乃至生死攸关,在另一些人看来,却只是意味着权利之政治性格的丧失,意味着皇帝及其税务官们所作的必要让步。这也是19世纪的实情,或者确切地说,是19世纪的创造。两个时期的公民权叙事秉承的共同原则是全部事态中唯一致命的环节,此即消除政治体的政治意志。

然而,这一创造恰恰违反了人权乃建基于"自然"而非人为法律这一根本原则。回顾有关人权诞生的观念史,是一场颇富教益却也称得上残酷的良知训练,因为此一诞生正如同希腊神话中破颅而出的智慧女神那般充满血性和挑战,并且在人权观念的肇始者霍布斯那里呈现为同样的"一出生即成熟"的形态。确切地说,现代人权观念起源于一次造反。前霍布斯时代的自然观念,无论是阿奎纳还是培根,都坚持自然乃是一套充溢着理性、智慧、仁慈,同样也充溢着美感的宇宙秩序。即便培根这样的经验论者也在《学术的增进》中指出:"把命运说成为潘神的姐妹是对的。因为事物的兴起、成长与消灭,事物的消沉、得势、进展、胜利以及其他属于每个个体自然的一切现象都叫做命运……潘神或事物的本性是这些不同变化与结果的原因……潘神长的双角,基部宽大而顶端尖小,这是因为一切东西的本性都是金字塔形的;个体是多得无限的,但是汇聚起来可以形成不同的种,种又可以集成不同的属,属又可以归纳为更为总括的东西,到最后个体的属性便集中到一点,这就构成潘神双角形的金字塔顶尖。因此,人们认为潘神的角尖自然会上达天庭,因为崇高的本性或抽象的概念乃会升入神界。因而,荷马的著名的自然因果链条一直系在天神宝座的座脚上。的确,无论谁研究形而上学或自然中的内在的与永恒的东西时,总会立刻撞进自然神论的领域里去。"

深为洛克倚重的胡克也在其《教会政体的法律》中指出:"是的,自然表现出如此的灵活技巧,致使万物之灵竭尽才能也做不出这没有才能和知识的自然所做的一切。我们不能不想到自然背后有个无限智慧的指导者,指导它进行一切工作。那指导自然的,除去自然之神外还能有谁呢?'我们生活、行动、存在于自然神之内'。我们认为自然所作的事物都是神作的,自然不过是神的工具罢了。"[1]这意味着自然从根本上是对一套理性、智慧且完美的宇宙秩序的反映,自然与仁慈和理性的神柰是相通的,由此事实同理想之间便不会有不可跨越的绝对鸿沟,并且跨越这一鸿沟也是自然而然的事情。这是由全知全能的宇宙终极因,也就是上帝的智慧所保证了的。自然恰恰就是体现在此种习惯的品质和模式的稳定性当中。这种模式也正是洛克和柏克在尝试为个人主义的法权理论提供保护性篱笆时,意图重新塑造的一切。

培根依据此思路将"命运"化约为等级的、秩序的和合理性的自然神论,并系于永恒的神座之上;没有什么较之马基雅维利关于命运之无常体验能与之形成更显著的对比了。霍布斯将马基雅维利关于人世变幻无常的命运观念从历史领域转换到自然领域,由此造反并摧毁了中古自然观念对于秩序、稳定和理性的诉求;霍布斯所谓的自然,基本要义在于无可确定的欲望:"这个生命的幸福不在于心情得到满足之后的宁静。因为人没有所谓终极的愿望,也没有古代道学家所说的那种至善。人的欲望到头时,也就像人的感觉和想象到头时一样,就等于是死亡了。幸福是欲望不停的要求,从这一目标向着另一目标,而前一目标的满足只给后一目标鸣锣开道……所以,我首先要把永恒的、不息的、至死方休的渴望权力这一点作为一切人的普遍禀性。……生活就是处在战争状态,人生将持续充满着死亡的恐怖和危险;而且每个人的生活都是孤独的、贫苦的、丑恶的、野蛮的、

---

[1] 转引自 W.格莱斯顿:*The State in its Relations with the Church*, London, 1839, 第 105 页。

短暂的。"霍布斯在此秉持了同莎士比亚笔下的埃德蒙同样的自然观念，两者在处理形而上学的或者内在的、永恒的自然这一问题时，并没有像培根或者胡克那样，"立刻撞进自然神学的领域当中"，他们实际上采取了相反的方向，埃德蒙立刻意识到了自然和法律之间横着无可跨越的深渊："自然，你是我的女神，我愿意在你的法律面前俯首听命。为什么我要受世俗的排挤，让世人的歧视剥夺我应享的权利，只因为我比一个哥哥迟生了一年或是十四个月？为什么他们叫我私生子？为什么我比人家卑贱？我强壮的体格，我慷慨的精神，我端正的容貌，那一点比不上正经女人生下的儿子？为什么他们要给我加上庶出、贱种、私生子的恶名？贱种、贱种、贱种？难道在热烈兴奋的奸情里，得天地精华、父母元气而生下的孩子，倒不如拥着一个毫无欢趣的老婆，在半睡半醒之间制造出来的那一批蠢货？""庶出的"自然向法律发出的造反信号，在霍布斯看来，就是自然权利针对法律提出的辩难。埃德蒙，正如霍布斯所塑造的现代个体一样，认为自己的本性是天赋的，世俗的习惯和法律均无法改变，这是他自己的，与他者无关。这意味着人与传统的宇宙和等级式自然的断裂，人作为个体就是这么孤独地站立在世界之上，不存在依靠谁的问题，也不存在目的或者发展方向的问题："人们最爱用一种糊涂思想来欺骗自己，往往因为我们自身行为不慎而遭逢不幸时，我们就会把灾祸归怨于日月星辰，好像我们作恶人也是命运注定、做傻瓜也是出于上天意旨，做无赖、做盗贼、做叛徒，都是受天体运行的影响，酗酒、造谣、奸淫，都有一颗什么星在那儿主持操纵，我们无论干什么罪恶勾当，全都因为一种超自然力量在冥冥中驱策着我们。明明是自己跟人家通奸,却把好色的天性归咎到一颗星星上去,真是绝妙的推诿!我的父亲跟我的母亲在巨龙星的尾巴下交媾,我又是在大熊星底下出世,所以我就是个粗暴而好色的家伙。嘿!即使当我的父母媾和成奸之时,有一颗最贞洁的处女星在天空闪耀,我也不会换个样子。"(《李尔王》1:2)

　　毫无疑问,霍布斯所塑造的作为人权载体的现代个体,其根本特性只是部分地在于个体性和孤立性,主体部分则在于其雄心勃勃;埃德蒙的话语中透露出的埋葬任何人为法律和旧制度之残垣断壁的野心,无论如何都是遮掩不住的。正如埃德蒙说的那样:"即使当我的父母媾和成奸之时,有一颗最贞洁的处女星在天空闪耀,我也不会换个样子。"显然,霍布斯的埃德蒙并非弥尔顿的撒旦式角色,因为弥尔顿的撒旦意欲成为上帝,这意味着即便是他也承认上帝作为终极因的存在和限制。前霍布斯的政治方式则正是要通过限制来协调矛盾的主张或者要求,霍布斯式的埃德蒙个体则在直觉上不承认限制,因为所谓限制意味着法律,而非人权。

　　确实,霍布斯式的现代人权个体,在其起源之时,便充溢着反法律的造反精神。并且,此种造反并非颠覆式的造反,而是一种对于自身独立性有着清醒意识的造反。因此此种精神的依归并不在于僭越,而在于排除人为的限制,此种政治精神正如同古罗马政治中如同马略或者苏拉那样的"新人"。霍布斯无疑对此一人性观念有着广泛的理解,并深怀同情。这并不奇怪,因为霍布斯本人也正是这样的"新人"。此种"新人"虽然同洛克自然状态中的个体或者柏克市民状态中的个体,同属权利载体,并同具个人主义禀赋;但在更本质性上双方却是不同的。洛克的自然状态和柏克的市民状态并非战争状态,而是和平和富足的状态;处身其中的个体对法律以及由法律和教育衍生而出的防护性的"习俗的篱笆"从一开始就很清楚,他们深知人权与法律之间的对立一旦围绕财产安全这一核心去加以理解,就能够轻易取得和解。人权和法律的和解和等同,使得人权成为一个抽象的、程序性的法律概念,而非霍布斯式的关于人性的根本事实,权利个体也随之成为抽象的、戴着法人面具的财产个体,而非霍布斯式的充斥着意志和力量的血肉之躯。正如康芒斯在谈到洛克和斯密的权利理论时所评论的那样:他们的理论"是神赐恩惠、普遍丰裕、理性的时代和明辨是非的意识等等理想主义。因此,不会有不平衡的生产过剩,没有公司组织或其他集体活动所造成的人为的稀缺。他们以这种丰裕、恩惠和明辨是非的理论,像魁奈那样,反对政府所指定的一切法规、一切税则、一切习俗的束缚,甚至怀疑用租税维持义务教育以及作为其结果的教育服从政治。他们要废弃那种束缚个人的习俗和业务规则,从而树立一种纯粹个人主义利己心的神圣法则;他们意图用一位慷慨的上帝的指导和他的代理人的'是非意识'来取代欧洲全部的管理政策。……为此,理论家就必须在个人内心找到一套维持社会运行的本性。这种本性必须是由一种关心人类幸福的外界力量放在那里。这外界的力量就是上帝"[1]。财产的神权由此便取代了霍布斯或者埃德蒙式的人权,人权在此种自然神论的宇宙体系中,不可避免地演变为最终的神权,人自身的权利成为上帝的权

---

[1] 康芝斯:《制度经济学》,商务印书馆,1997 年,第 200 页。

利。

作为"新人",霍布斯的人权观念正如他本人所强调的那样,是前瞻性的,而非当下的或者回溯性质的。他关于一个具体时代的法律的看法也如同边沁对于自己那一时代作为英格兰法律和习俗之基石的普通法的看法是一致的:"法律上的拟制可以说是人们的一种独断的谎言,目的在于窃取立法和更改法律的权力,他们不能或是不敢公然地要求这种权利,而且诶,除非像这样造成迷惑的错误思想,他们便不能行使权力……因此,人们总是用谎言欺人的手段,篡夺、行使和巩固这种权力。"(边沁:《政府片论·序言》)这一切做法不过是为了巩固当下的、扎根于"不可记忆的"过去的法律和习俗而已。正如休谟论及发生在斯图亚特王朝和1688年的革命时所总结的那样,历史的主题不在于向人类表达任何带有乌托邦性质的幻想,而主要在于揭示公共意见在一时一地的主宰地位,而公共意见所处的当下的平衡状态所凝结而成的那个物体就是国家。(见休谟《英格兰史》第六卷结尾)

然而,人权的历史也昭示出,公共意见在很多时刻并不能达成平衡状态,人们为此需要战斗或者行动。这个世界的生活往往会变得飘忽不定,失去重心,失去得到法律和习俗支撑的方向感。人们在此一时期所做的一切,即便依凭内心体验和良知的标准来衡量,也会显得无知、狭隘、乃至卑贱,这一切既缺乏生命和力量的根基,也缺乏对命运的体验。政治生活同私人生活在现代已然断裂为两个不相沟通的领域,这一点无可挽回,也没有不惜代价必须挽回的必要。政治生活总是要呈现为真挚和虚假两种类别的元素的神秘交织,这也并非

悖谬之事,而是必然之事。今天的政治家在采取一项政策时,绝少认
为此项政策乃是出于必然和命运,得过且过的心态向低俗的、小有手
腕的煽动家们释放了大量的政治空间,任凭其胡作非为,任意摧毁政
治意志得以形成的珍贵能量积蓄。

　　人权观念在埃德蒙和霍布斯那里起源之时,就是指向未来的,因
此人权并不呈现为一套固定的教义体系,也并不呈现在成文或者不
成文的法律拟制的空名头衔当中,而是置身于为未来而进行的战斗
当中。这个世界在人权观念看来,不管是血缘、语言、历史,尤其是法
律,无不是静态的当下原则,它以"合法"为名对人类的惰性和纯粹的
秩序进行辩护。人权,正如霍布斯在其自然状态论述中指出的那样,
乃意味着一种没有休止的、绵延不绝的行动。而自然在霍布斯看来,
并非像现代启蒙运动的宣传家们或者自由主义的进化论者认为那
样,对人类的热情无动于衷。相反,自然以自身的恐惧和激情回应了
人类的恐惧和激情。对霍布斯这位现代人权的奠基者来说,人与自
然之间的这种基于恐惧和激情的特殊回应方式,同时也意味着对人
权的信仰要求为人类灌输一种铁一般的纪律,惟如此,方能为指向未
来的改革开创空间。这一纪律的体现者就是霍布斯的"利维坦"。

　　人权与政治权威,确切地说人权与政治领袖之间的关联也由此
得以确认,人权意味着人面对世界和自然时无休止的、永不满足的作
为,这也正是一个真正的政治领袖的内心意识和外在作为。正如韦
伯所说:

　　　　我们这里关心的是政治业绩,而非"服务"业绩,且事实本身

即可有力昭示以下真相,而喜欢说出真相的人是不会加以隐瞒的:不论何时,要想指望官员去处理政治问题,就只能以彻底失败告终。这并非偶然。实际上,如果天生就互不相容的能力居然会出现在同一个政治结构中,那反而令人吃惊。我们已经指出,(政治领袖则必须——引者注)按照自身的信念参与政治冲突,那不是一个官员的任务;因为那就是"投身于政治",它始终意味着进行战斗。恰恰相反,他引以自豪的地方就在于保持不偏不倚,克制自己的倾向和观点,为的是以有良知、有意义的方式去执行职责的一般定义或者具体指令对他的要求,哪怕——特别是——在它们不合自己的政治观点时。相反,为官员指定任务的领袖就必须不断解决政治问题——包括权力政治(Machtpolitik)问题和文化政治(kulturpoclitik)问题。……政治领袖必须成为平衡、必要时候抵消官员统治的力量。[1]

---

[1]　《新政治秩序下的德国议会与政府》,见《韦伯政治著作选》,东方出版社,2009 年,第 145 页。

七

没有遗嘱的遗产：人权与福利社会

在探讨欧洲福利社会缘起的思想背景时,考特评论说:"有人时常指出,当 1911 年后自由党政府的改革热情耗尽时,工人阶级的希望往往转向当时打开它们历史新篇章的工会。在第一次世界大战前几年中,人们明显地厌倦维多利亚时代的经济和社会思想,把这种情况完全归因于国会发展和工业组织这样的解释也许是肤浅的。上层阶级的思想倾向也许从当时的文学里看得最清楚,例如,从乔治·萧伯纳和约翰·高尔斯华绥的戏剧以及 H.G.韦尔斯的小说比从费边社特有的理论和自由党政府的立法更加看得清楚。此种文学越来越多地批判因袭的目标和安排,以致人们可以说,时代的思想已被存在于所有有组织社会根基上的不公正所颠覆。这不仅是对巨大物质成就时代的厌腻;它也是经历了人类自由有巨大进步的世纪的结论,和对未来有待完成的任务有深刻印象的人们的思想。"[1]然而,仅仅从 19 世纪中期统治阶层和中产阶级精英当中兴起的"社会哲学"思潮来理解福利社会的缘起,也许会错失目标。严格来说,福利社会思想之崛起,不应当单纯视为衍生自英格兰上层社会自身的"文化情感"所发生的变迁,而更应当理解为英格兰下层社会以及人们通常所谓的"工人阶级的形成"过程中所爆发的强大力量,这种力量有着强大的组织基础,那就是工会。在 1880 年代到第一次世界大战期间,英格兰工会已经表现出从英格兰传统社会阶层秩序中独立出来的强烈意识。在第一代杰出工会领袖人物的运作之下,工会的思想和资金已经开始源源不断地注入工会政治当中。工会政治逐渐地不再仅仅

---

[1]    考特:《简明英国经济史》,商务印书馆,1992 年,第 332 页。

满足于作为院外压力集团的角色,而是开始极具耐心地向着选举政治和国家政治层面迈进。较之 19 世纪中前期的宪章运动,1880 年代之后的工人政治展示出更高的管理清晰度以及目标上的统一意识。尽管在奥斯本裁决最终出台之前,工会政治的法律地位一直处于模糊不清且常常是风雨飘摇的境地,但工会资金即便处于不利法律地位,仍然能够进行灵活的政治运用。奥斯本裁决意图断绝工会资金向政治领域进军,但这只不过加强了工会组织同英格兰政界、商界和法律界在情感上的敌视。事实上,工会政治的崛起为英格兰统治阶层和中产阶级精英阶层开辟出一幅完全不同于维多利亚时期的社会和思想图景。在这一图景当中,个人的物质利益追求最终都能够完善地溶解到社会的秩序和等级链条当中,这一度是维多利亚时代的核心社会假设,而今已经被远远地甩在后面了。

　　社会核心假设的丧失意味着传统秩序及其原则的崩解和断裂,这在相当程度上催生了上层阶级和统治阶级当中自 19 世纪中叶开始盛行的文化幻灭感。抛弃此一时期极具标志性的英格兰文化情感方面的重塑以及以柯勒律治和纽曼为代表的宗教情感的“大复兴”不论,这个时期标志性的英格兰智识人物阿克顿勋爵也赞同格莱斯顿的“社会主义”政策,其中的原因在于这些政策尽管带有“社会主义”性质,但能够满足上层社会已经无法在传统秩序中找到的宗教和道德情感。实质上,这种传统的宗教和道德情感由 17 世纪经历过内战之残酷的复辟一代人和革命一代人共同塑造,并深深扎根在英格兰的社会情感和心理当中。毫无疑问,传统的秩序情感和道德情感是世俗的,确切地说,是一种世俗的宗教情感。就其智识源流而论,这种情感缘起于古代哲学家的伦理世界,正如同色诺芬尼-普鲁塔克的伦理学传统反对将人类行为的对错以及道德上的评判归因于诸神灵反复无常的不规则力量一样,英格兰世俗秩序情感的集中阐释者沙夫茨伯里三世在其论美德的文章中也将人与秩序的完美和谐归因于依据自然法则而建立起来的人类自身的行为规范。沙夫茨伯里认为这一切都是自然的,并不需要一个人格化上帝的干预或者总理。简言之,一套积极且重世俗的伦理道德规则既反对柏拉图式的哲学深度,也严格抗拒《旧约》中所倡导的无常、善变且极具复仇心的上帝观念。正如伯里在评论这种传统的英格兰道德情感以及沙夫茨伯里对于宇宙自身的秩序感时所言:"……他认为天堂与地狱的构想及其所启发的自私的希望和恐惧败坏了道德,德行本身的美才是人们行为唯一有价值的动因。……他并没有打算把自然界的红色爪子和利齿与其强大的天工巧匠的仁慈调和起来。'大体说来,万物都得到适宜而恰好的安排。'无神论者会说,他宁愿听命于纯出偶然的遭遇而不愿受制于一位专制独裁者,这位独裁者如果喜欢沙夫茨伯里勋爵的秩序意识,需要创造苍蝇以供蜘蛛吞食。……他暗示说,如果有一个上帝存在,无神论者引起他的不悦怕没有那些接受扮作耶和华的人引起的多。"[1]在沙夫茨伯里-洛克式的秩序情感背后,则是1680年代便充分展现出来的英格兰统治阶层在文化和经济上的自信。实际上在1661年,上院议长便在影射17世纪40年代内战的一项评论中就"人民"作出了精确的定义:"英国普通人民的特权应该由从民族

[1]　J.B.伯里:《思想自由史》,商务印书馆,2012年,第93页。

中选出的最伟大、最有学识、最富有和最睿智的人来代表行使；把英国平民院与英国平民混为一谈，是造成那种该诅咒的药剂……即共和国的第一个配料。"这一界定当然是对 1640 年代所引发的革命狂热的有力回击，但这并不新鲜，克伦威尔和埃尔顿当年就曾坚决回击过英格兰"平民"阶层的平均主义要求。这个定义的真正动人之处就在于承认，宫廷及其特权的权力正在衰落，而大不列颠现在正在"人民"这个概念平台上统一为一个民族甚至是一个阶级，一个实际意义上和文化意义上的统治阶级。正如迈克尔·曼所指出的那样："在 18 世纪的大部分时间里，所谓大不列颠民族，就是一个由君主领导的统治阶级。这是由贵族、乡绅和市民组成的、世俗的、有文化的、理性的、自信的、统一的阶级。它是民族中唯一具有广泛性、组织性和政治化的阶级。"[1]

　　然而，历史很少是连续性法则的展示，危机和偶然因素通常而且时刻准备着强有力地介入并塑造历史进程。1816 年，战后的英国迎来了预期中的普遍农业危机，干旱加重了这一危机。这场危机是对英格兰宪政的严峻考验，议会的两党论辩中就利益、政体结构和道义等多个层面进行了详尽的展示。詹姆斯·穆勒致信李嘉图，在描述了"一个垂死之人在死尸上艰难爬行"这一人类斗争惨状之后，穆勒指出，"三分之一的人注定会死掉"。紧接着这一宿命论的评论之后，穆勒依据功利主义原则提出了宪政解释方面的哲学信念和道德情感，这在很大程度并非不能视为功利派的解决办法："将他们带到街

---

[1]　以上参见迈克尔·曼《社会权力的来源》，世纪出版集团，2002 年。

上和公路上,像杀猪那样割断他们的喉咙,这也许是一种恩赐。"李嘉图则依据经济学原则对穆勒的见解表示赞同,并依据同样的原则对托利派的"社会团结"鼓吹者们表示了警觉和蔑视,认为这些人对济贫法的扭曲解释是在散布社会不满,他强调他"遗憾地看到向下层社会劝告说立法机构会对其施加救济,这种劝说会点燃他们的思想"。[1] 事实上,农业危机和其他类似的公共危机一样,其中当然包含经济学或者哲学原则的问题,但从根本上讲,危机的解决实质上是一个"社会选择"的问题。招致灾难性错误的根本原因在于人们总是试图为一场危机寻求一种单一化的、总体化的解释,即便为此付出的代价是较之民众的"点燃的思想"更为远离事实性的真相。这次通信很快便在 1817 年激发了李嘉图和马尔萨斯关于经济秩序法则的著名论战,李嘉图致信马尔萨斯:"在我看来,我们在那些经常讨论的课题上的观点分歧的一个重要原因是,你所想的总是一些特殊变动的直接的和暂时的影响,而我则把这种直接的和暂时的影响搁置一边,将全部注意力放在由此导致的事物的永久状态上。"马尔萨斯给予了强有力的回答:"我同意你所提到的是我们的观点之所以产生分歧的原因之一。我确实倾向于从事物的本来面目去考虑,因为这是使自己的著述在实践中有益于社会的唯一方式。另外,我的确认为社会进步由不规则的运动构成,如果忽略那些能在八年或十年中促进或阻碍生产发展与人口增加的因素,就等于忽略导致国家富足或贫穷的因素,而这正是所有的政治经济学家探讨的主要问题。诚然,一个

--------

[1]　以上转引自让·德里茨、阿玛蒂亚·森 *Hunger and Public Action*, Oxford: Clarendon Press, 1989 年,第 65 页。

作者可以做出任何他喜欢的假设,但如果他的假设实际上是根本不存在的,他就不能从假设中得出任何有实际意义的推断来。"[1]在此,马尔萨斯实际上成为历史进程中危机和突变要素的代言人。他呼吁古典经济学走出秩序的世界,关心一下危机和事变在历史当中的权能,因为这样的权能较之古典经济学的秩序和法则诉求同样强大,而且这种权能本身就是"长时段"秩序法则的塑造者。就方法论而言,这要求秩序法则应当建基于对事实的扩展性调查之上,而非伦理或者道德情感的模糊设定之上。

马尔萨斯所刻画的那个阴郁的世界图景很难融入英格兰主流的乐观主义道德情感当中。但是当布思在19世纪中叶进行社会调查时,无疑是复活了马尔萨斯所要求的那种对事实的尊重。布恩的《伦敦人民的生活和劳动》揭示出一个存在大量贫困的世界,涉及人口之众远远超出了传统秩序法则的解释能力和解释范围,想必马尔萨斯也会为之感到震惊。这份调查报告实际上击碎了一代人之前由迪斯累利阐述的"两个英国"的托利党社会图景,布思在报告中令人无可反驳地揭示出贫困问题并非传统的基于自然法则的社会阶层划分问题,而是一个普遍存在的经济问题,一个需要变革的事实问题。报告中有关贫困范围和程度的崭新呈现是英格兰历史上的转折性事件,贫困这一事实的普遍存在显然需要新的解释,同时,何谓人民这一问题也需要在一个政治民主化的时代进行重新定义。显然,传统的秩序法则已经完全不足以胜任这项任务了。事实上,关于贫困原因的

---

[1]　以上转引自凯恩斯《经济学家的生活》,北京出版集团公司,2010年,第27—28页。

探讨很快便突破了济贫法的传统轨道,贫困并非个人的责任、失败、懒惰和犯罪所致,而是外在境遇所造成的结果,尤其是当贫困普遍存在的时候。问题到了这一步,有关福利社会和新的救济体制的思考先声也就出现了,正如考特所言:"贫穷是它本身的主要原因。他们的主张就是根据这种认识形成的。他们的目的是通过教育、年金、公费医疗等手段,建立最低限度的生活标准,它犹如一种社会的格栅或底座,以防止个人在本人没有过错的情况下落入匮乏和不幸的无底深渊。他们打算废除济贫法,把它溶解在他们的一个称为'国民最低标准'的政策中。就是说,他们渴望纠正十九世纪社会最严重的一个弱点,即未能以大多数人民看来合理和公平的办法阻止贫穷或救济不幸。他们反对富人和生活舒适的人把贫困和匮乏看作道德堕落(如果不是犯罪)的想法。"[1]

布思报告激起的强烈反对是可以理解的。反对者认为对贫困问题的这种崭新理解势必激发起一个普遍的救济体制,而此口一开,又势必激起随后的连锁变革举措,这不正如同 1832 年看似保守的改革法案激发了 1867 年的政治民主化举措吗?于此,上流社会的反对者们以肇始于伊丽莎白时代的济贫法宗旨为堡垒,重申了贫困问题的解决必须以挽救人格的自由和尊严为诉求,大量的、看来将会是没有限制的社会福利举措和救济举措,在反对者眼里,无疑会以人格的塑造为代价来消灭贫困。反对者的社会前提预设在于:一个不能激发个人尽责的体制或者一个将会阻碍个人尽责的体制,最终必然会在

---

[1] 考特:《简明英国经济史》,商务印书馆,1992 年,第 325 页。

贫困和福利彼此循环加强的制度中衰亡和瓦解。这种反对意见的可理解之处在于，布思报告将贫困呈现为一个独立于伦理秩序的经济问题和事实问题，而非一个济贫法传统所强调的道德问题。虽然和布思并非同一流派中的人物，但比阿特里斯·韦伯在《资本主义文明的衰亡》这一带有预言性质的书中，着重论证了贫穷同更为广泛的文明之普遍衰亡之间存在内在联系；并指出这种内在联系不仅仅是受教育阶层、特权阶层以及中产阶级社会主义者幻想破灭和对现实不满的问题，而且更是一个可经由社会调查予以支持的事实问题。对于经历了 1846 年代土地与资本大决斗和大背叛的新一代英格兰统治阶层来说，劳动同资本之间本质上也许就并非像 19 世纪上半叶人们设想和宣传的那般和谐，也许他们在智识上还不曾想到对新的社会力量以及相应的社会哲学进行综合和评估，但至少在心理和情感上是能够接纳这种冲突的。古典经济学在这个问题上也作出了尊重事实的让步，马歇尔正式在经济学领域中放弃了 1832 年传统中对"固有权利"的理解，转而对权利进行了三重划分，在其中"社会权利"占据了一个最具未来前景的位置。毫无疑问，这一位置所涉及的不再是一个传统的济贫法世界，而是一个带有整体性的未来社会政策议题。同时，在《工业和贸易》最为著名的第十四章中，马歇尔提醒英格兰统治阶层注意一个可怕的事实：英格兰的高度文明和自由，其基础实在是再脆弱不过。这个基础就是统治阶级在经济利益上所享有的历史性独占，可怕之处在于，这个独占阶级自身正在经历经济上的萎缩和道德信念上的瓦解。马歇尔此举的意义在于暗示出：尽管英格兰民主政治的外形结构在 1867 年及其随后的一系列议会和政党斗争中获得定型,但更需要改变的未来问题在于基础性的社会条件和英格兰人民的价值观。尽管马歇尔没有继续阐明此一时期的"人民"观念的确切含义,但这一概念本身必须在经济-社会权利领域获得大幅度的扩张,这一点是没有疑问的。

正是这一点,引导着劳合·乔治1909—1911年间进行了"人民预算"的大决斗。这场决斗的宪法含义在于祛除上院在拖延下院立法行动方面所保留的仅存权利,将上院彻底非政治化。在这场斗争中,政治议题和福利议题能够协同并进,乃是因为两大议题能够在"人民"概念的重新界定上形成共同战线。就福利问题而言,"人民预算"对税收进行了新的定义:"第二款　所谓财税法案是一个公法案,按照下议院议长的意见,它只包括下列全部的或任一的议题,即赋税的征收、废止、减免、变更或管理;为了清偿债务或其他财政上的目的,在统一基金或议会所准备的款项中作出开支,或是变更或撤销此类开支;供给;公款的划拨、收进、监管、签发或其账目的审计;任何贷款的借入、担保或偿还;或由上述所有的或任一的主题引起的附带事项。本款所称'赋税'、'公款'和'贷款',均不包括由地方政府或机构在处理地方事务时所征收的赋税以及筹措的公款和贷款在内。"[1]劳合·乔治在此完全突破了格雷斯顿的平衡预算传统,所谓"公法案"乃是指由政府或者未进入政府的议员提出的,涉及国家政策、社会利益的议案。这意味着财政预算不再是依据传统的自由原则而寻求政治中立化和经济稳定化的力量,而是一种社会事业,一种

---

[1]　转引自戴雪《英宪精义》,附录,何永红译本,待出。

用来重新分配工商业资源和社会资源的重大倾向性手段。劳合·乔治小心翼翼,在他所发动的这场"社会事业"中触碰地方财政资源,一方面可以用政党斗争中的寻常妥协策略进行解释,不过也应当意识到更重要的原因,英格兰自 1880 年代以来就进行了地方政府在行政能力方面的规范化和合理化的大幅度改革,自治体制大多已经取代了陈旧的教区体制,以此为基础,英格兰地方政府已经在地方政治层面上为推进社会福利举措提供了强有力的组织基础。劳合·乔治成功利用了福利改革所释放的政治热情,在重新定义议会两院角色、完成宪政重大转变的同时,也在财政和福利之间建立起"社会议题"纽带。正如考特评论的那样:"社会事业可以粗线条地定义为公共机关举办旨在改善福利、健康和教育的所有服务事业。它们从十九世纪九十年代开始发展,部分是个人积极性和慈善心以及将证明有价值的志愿事业——例如育人教育——移交给政府的结果;部分由于建立独立于济贫法的新型服务事业,尤其是由地方当局举办这些事业的趋势。社会支出的增加加上军备费用,在第一次世界大战前引起尖锐的政治争论。这些情况发生在 1909 年劳埃德·乔治政府预算时期,当时富裕阶级已了解得很清楚,即社会服务事业正在变为重新分配财富的工具,它牵涉到新的和从当时标准来说沉重的赋税。"[1]维多利亚时代的财政预算绝少遵行社会发展或者民主权利扩张这样的社会性议题所提示的原则,而是基于有关政治-社会之历史连续性、传承性以及经济稳定性这样的原则之上,背后的支撑则是传统的

---

[1] 考特:《简明英国经济史》,商务印书馆,1992 年,第 341 页。

社会阶层方面的等级构想。换言之，维多利亚时代的财政问题实际上是一个有关社会阶层及其秩序应该是什么样的问题，而非实际上是什么样的问题以及未来发展可能性的问题。"人民预算"将财政预算改变为一种重新分配财富的极富自我意识的工具，并借此塑造出下院在民主政治时代的强大立法权能，使政治摆脱了维多利亚时代纯粹受经济命运的束缚和支配的被动轨道，从实际层面和观念层面大幅度拓宽了人类问题的解决空间，这足以说明两个时代之间的距离何等遥远了。若非如此，英国能否迎接两次世界大战的考验，并借助战前所锻造的成熟工具，度过战后重建的危机时代，则都是未决之事。

然而，有一点不可否认，无论是布思报告还是比阿特里斯·韦伯的"国民最低标准"，抑或是劳合·乔治的"人民预算"，就其实际举措和效果而论，都只能归入欧洲社会在 1880 年代之后诞生的零敲碎打的"社会议题"序列当中。有关福利社会的整体构想，其手段、工具和初期观念的确肇始于这个时代，但即便是俾斯麦的社会保障体系在设计和实施过程中，都是错漏百出，最终也沦为零敲碎打的社会修补工程。由此观之，德国中间派力量在一战之后势必无法对左派的攻击形成政治性的回应，而左派实际上只是依据了一个十分简化的逻辑思维，认定是工业家和银行家的权力侵扰了德意志的社会议题和社会机体。换言之，在经历第二次世界大战的重大社会创伤之前，福利社会的任何设想都力争在经济-社会事实领域有所把握、有所创举。但是就最终效果而论，这些设想和实际举措在拯救了整个世界的同时，却未能在伦理和道德上进行过统一性的规划和自我阐明。

1942 年，"贝弗里奇报告"的出台是福利社会思想史上的里程碑式文件，其里程碑意义之获取，远不在于报告中针对福利问题所阐述的各项实际举措，实际上这些举措范围狭隘且无法构成一个完整的系统，而是在于报告本身在模仿班扬《天路历程》的宗教寓意和措辞时所展现出的伦理道德激情。这种激情恰逢其时地迎合了两次世界大战之后欧洲各国寻求"社会统一"的心理意识。福利社会第一次在伦理道德层面得以自我阐明，然而，这却是以实际执行效果的折损为代价的，雄辩和宣言的力量压制了福利社会观念在理智领域的伸张。当"贝弗里奇报告"成为战后欧洲社会中"希望"的代名词时，各个高举"重建"大旗的政党都深深懂得，在大众潮流面前，19 世纪那种格莱斯顿式的理智上的谨慎无异于政治自杀，正道乃是激流勇进。无论是保守派、自由党还是工党都在情感上迅速接纳这份报告所揭示的思考，谁能抓住"重建"大旗所释放的福利社会激情，谁就能够取得政治先手。当工党成为这场狩猎战的赢家后，输家则纷纷转入在野的批判态势。实际上，反对派并没有意识到工党政府只是为了赢得选举而仅仅在情感上接纳了"贝弗里奇报告"而已，正如罗杰斯评论的那样："保守主义者指控这些政策都是'通向奴役之路'，英国变成'红色'和激进国家了。实际上，工党政府在 1945 年到 1950 年的项目中大部分内容并不是从马克思那里继承，而是进步主义人士的遗产。积累了改革工程的备选方案，1945 年的政府革命是英国新政，是危机政治动力关系以工党模式的再现。基础产业的国有化接通了社会主义的核心传统，但在实际上工党政府对于中央国家计划表现出很少的兴趣，从资本那里攫取根本经济控制权的兴趣就更小了。它最受欢迎的措施是建立在从前社会政治基础上的部分,不是要取消资本主义而是缓和其极端情形,从中提取一些主要社会产品并在最严重的风险下搭建共同平台。"[1]

《经济学家》杂志在概括两次世界大战期间英国经济政策的本质轮廓时评论如下:"有一整套观念,这些观念将理想的经济体系视为一套有序的产业组织。每个产业都由已经建立的企业由上而下地、封建式地治理着。这些产业都由各种公会和联盟联系在一起。在高层,产业以主权平等的方式与其他领域的实体展开对话,如英格兰银行与英国政府。英国的每个产业都忠于这种观念的约束,几十年如一日地划定自己的封地,组织自己的领地,构建和保护自己的所得,掌控着自治式的法权。英国产业的这种自治性无疑得到了国家充分的容忍。"( The Economist,1940,15 June)此种局面造成了工党的"新秩序"党纲和具体而淡化的实施过程之间产生了断裂,这种断裂的分量是带有根本性和决定性的。在四大支柱中,工党一开始就放弃了那些"语义不明"的提坦神,而"普遍性的最低保障"则一下子让人联想起科布登时代的济贫法,无论韦伯夫妇如何依托一个新世界"景观"对之进行辩护,亦无法改变实施过程所赋予的"现实含义"。至于作为重中之重的"工业民主化",所面对的根本问题就是如何重建一代经济组织方面的领袖人物,这对工党意识形态化的政策来说,不但是不可能之事,而且还是完全悖反之事。实际操作方面亦无可能,因为工党无法形成有效的制裁措施。举例来说,工党政府无力像法

---

[1]　罗杰斯:《大西洋的跨越》,译林出版社,2011年,第511页。

国政府那样凭借国家主义对历史早期就已经俯首称臣的银行资本实施直接的政策性操控。英格兰银行作为"传统智慧"的终极堡垒，同政府的关系实际上类似于古罗马元老院同执政官的关系，确切地说，这是一种父子关系。这意味着政府无法就政策导向问题给予英格兰银行任何压力，政府只能"请教"英格兰银行。第一次世界大战之后的工党揭示出一种强有力的英格兰经验：即便完全的国有化得以实施，这种国有化的含义也不会像欧洲大陆或者苏联那样，意味着将企业转变为国家经济政策的消极载体。情形恰恰相反，国家经济机构以及国家干预举措经历了增长。但这只是名义上的，增长的结果是在英国传统的网络化经济自治体系之外，依托广泛的谈判协商体制，平添了更多的经济自治力量和实体，企业不管在什么名义轨道上运行，始终都是市场经济的载体，而非政府力量的载体。政府权力没有形成对私人力量的主宰态势，实情是两者之间通过层级性和碎片化的市场自治主体产生了更多的彼此渗透和权威分享。1918 年"新秩序"构想中的"体力劳动与脑力劳动"的结合是这方面的典型案例，承诺是一回事，但作为一种实施的举措以及实施的结果，工党实际上没有采取排他性的国家主义举措，而是欢迎包括工党所属的工会组织和游说团体在内的几乎所有相关市场实体乃至个人都参与其中，在宪章运动时期以及战时经济时期因最富有激进色彩且具备"历史根基"而名噪一时的消费合作社，很快也加入了事实上的劳工联盟运动当中了。1918 年，威尔逊总统在国情咨文中谈到"指导和平进程实在不易,还不如顺其自然"。[1] 这应该是经历了西奥多·罗斯福时代躁动的"社会市场经济"和"社会政治议题"躁动以及战争集体主义狂潮之后的疲倦反应,但也是一种建基于英美经济实情的智慧之声。

　　康拉德在讲述身陷众多福利社会议题的英格兰政治家时,曾精确地概括说:"爱国者和政治家们,比如英格兰的大臣们,都惨死在劳斯哈图斯荆棘密布的丛林当中,他们实在是厌倦了以权利和正义之名而展开的毕生争斗,而此时正值'新时代'的黎明。"他笔下的主人公之一莫尼汉姆医生则提醒疲惫不堪的戈尔德夫人,经济发展过程中没有和平和宁静可言,再强大的法律和法官莫不以权术为基础,但可以长久的力量只能蕴含在道德原则当中。(参见康拉德:Nostromo,3:10)于福利社会思想的命运,正如罗杰斯所总结的那样:"福利国家管理结构有效和公平分配社会物品的能力可能下降;市场的公共管理者可能睁一眼闭一眼,或者在他们应该管理的对象的怀抱中彻底打盹儿;国家经济管理者带领国家经济度过危机的能力可能垮塌;体系的连贯性可能(往往实际也是)被夸大了……福利国家政治的众多方面仍然充满争议。某个社会福利的接受者或许被妖魔化或者被作为替罪羊,他们的救济被大幅度削减或者彻底停止——尤其是当他们贫穷或带有种族标记时,这种可能性就更大。纳税人的反抗或者私有化的运动可能爆发,加上有一位撒切尔或里根提倡和促成。不过,尽管福利国家政治受到激烈对抗,尽管选民之间就谁应该得到救

---

[1]　转引自 D.T.Rodgers *Atlantic Crossings*,Harvard University Press,1998 年,第298 页。

济和保护、谁应该为这些救济买单而争来争去,但国家继续控制和管理市场经济的做法还是在更深层次上得到广泛接受。国家作为稳定者、管理者、社会产品提供者、少量社会正义维护者被当作是理所当然的。"[1]简言之,福利社会思想及其催生的种种举措足以书写一部寓意非常简明的历史。在一个半世纪的进程中,今天的福利社会以及人们对之的态度和一个世纪前当然已经完全不同,但其中的变化不能完全用逻辑和理智的力量予以解释,相反,更多地恐怕要用人类激情和利益之间的碰撞来解释。据说19世纪最伟大的财政政策操作者格莱斯顿在反驳进化论时说:"根据所谓进化论的理由,上帝省去了创世的劳作,而以不可变更的自然规律名义,又解除了他统治世界的职务。"[2]的确,福利社会思想的崛起实质上是在提醒人们:即便存在这样的自然规律,也不能将其升华到人类激情和力量完全无法触摸的程度。

人们常常将"福利社会"观念同人权观念视为一组对立的哲学概念。实情却恰恰相反,二者实际上都诞生于传统等级社会在经济和文化上发生断裂的时刻,而且二者都以这样的断裂为前提和基础。

权利宣言的时代同时也是革命的时代,这并非偶然;相反,这种历史同步性建基于人类生活所昭示出的重大必然性,那就是知识和行动的同一性。这种同一性透露出复杂而模糊的信息,其中最显著者告诉人们:不要尝试在权利和权力、激情和理性、知识和行动之间作出僵化的区分。这样的区分作为闲散文人的哲学标准自然会鼓舞

[1] 罗杰斯:《大西洋的跨越》,译林出版社,2011年,第503页。
[2] 转引自 J.B.伯里《思想自由史》,商务印书馆,2012年,第113页。

起傲慢,但在以争议和斗争为实质的残酷政治生活中,理性和知识的培育并不是独立于行动和经验的,在此,"知识即美德"的最久远教诲将显示出恒久和主宰性的、不可更改的力量。

革命和权利宣言时代的哲学家与政治家们,以洛克和杰斐逊为代表,倾向于将人权建基于有关"财产"和"幸福"的世俗观念之上,从而扫除了宗教战争年代关于人类和尘世之罪恶深重的意识。以今天的眼光来衡量,很难说此种作法意味着光明还是黑暗;启蒙时代关于"财产"和"幸福"的观念乃是一种个人主义式的、拥占性的、封闭且自足的观念,在随后数个世纪的历史进程中,此种启蒙观念因为过高地诉求人类自身的政治理性能力,从而遭遇了决定性的失败。无论是洛克的独立的商人世界,还是杰斐逊的更为独立的自耕农世界,都必然以"天赐丰裕"为前提假设。然而,随着 19 世纪走向结束,大英帝国的没落和美国的边疆封闭同时到来,"天赐丰裕"的基础设定也在世界史中一劳永逸地消散了,人类生活再次回归到诸神之间不可妥协的斗争状态当中。正如拉斯基在重新定义"财富"时所说:"我注意到商人罕有明白'富人'一词的意思的。如果他们明白,至少在理性上他们也不承认这个事实:所谓'富',乃是一个比较词语,暗示了其相对的词,即'穷',正如'北'毫无疑问地暗示了'南'这个词。人们几乎总是把财富当作是无条件的来言说和撰写,并且几乎总是以为通过遵循一定的科学的或者实证的告诫,每个人都有可能成为富人。然而,财富之所以是一种力量就如同电之所以是一种力量:只是通过其自身的不平等或负极才能起到作用。你口袋中金钱的力量完全依赖于你邻人口袋中金币的欠缺。如果他不要这些金币,这些金币对你就没有用;金币所拥有的权力的程度精确地取决于邻人对金币的需要或欲望状况;使你自己致富的技巧……因此同样地并且必然地是保持你邻人贫穷的技巧。"[1]

因此,资本主义将始终是一个以财富及其控制力为轴心旋转的世界,而非像新康德主义者或者韦伯所衷心指望的那样是一个有着内在纪律、训练和精神吁求的世界;十七八世纪清教徒和英格兰独立工厂主为了捍卫自身财产而抛头颅洒热血并奉财产增值本身为目的的时代即便真的有过短暂存在,也毕竟成为过往云烟了。没有谁能够像凡伯伦那样深刻地洞察财富的本质正在于"炫耀消费",在这种炫耀当中存在着特殊而隐秘的快乐,即存在着负担不起同等消费的大众;这实际上是一种类似于原始部落酋长的本能。凯恩斯作为资本主义没落期的最强有力捍卫者也不得不承认:所谓资本主义精神实际上可等同于一种原始的"动物精神"。康芒斯则在《资本主义的法律基础》中更进一步,以充分的案例揭示出资本主义法律体系的基础并不是单立的财产及其契约,而是财富及其对于他人尤其是大众的控制力。这种控制力在现代通过信用和货币体系所呈现的形式上的法律关系,获得了根本无法计数的倍数效应。相比之下,独立商人、小店主和工厂主的财产观念及其世界则早已在芝加哥禁酒时代就抹去了夕阳中的最后一线余晖;它们的实体也许仍然存在,但只不过是为资本主义"炫耀消费"的财富世界装点一下最低限度的必要门面;它们,正如同个人那样,并不构成资本主义法律世界的某种"主

---

[1]　J. Lasky:*Unto this Last*, Lincoln：University of Nebraska Press, 1967 年, 第 30 页。

体"。

由此便不难解释有些国家当前人权状况所引发的诸多困惑,而这些困惑初看起来似乎总是难以理解,以至于给人以问题层出不穷、难有终结之日的愤恨之感。因为既然选择了由财富执掌天下的资本主义命运,便只能承担由此命运而获得的规定性力量所激起的所有问题。其中最根本的问题就在于:由自由和民主的诉求所产生的种种权利都难以获得解释,甚至难以形成对这些权利的稳定认识和呈现为某种秩序形态的知识。在以财富控制力为基础的法律体系中,这些权利诉求实际上并没有也不可能获得承认,尽管法学家和立法工作者们汲汲于在形式上将这些权利纳入实证法的范围,并乐此不疲;但所有的立法文件和法律宣言与其说解决了问题,不如说激发了更多的问题,就其效果而论则不过是为马克思的格言——"人权的旗帜书写着'财富'二字"——作出注脚而已。人们当前历次围绕权利而进行的斗争无不表明:权利的出现通常是不可预测,往往在意料之外的,即便对当事的行动者来说也是如此。这种现象并不难解释:财富阶层倾向于以固定和实证的形态来反映财产和财产主体的法律关系,这是资本主义财产权最终极的安全诉求所要求的。正是这一点导致了法律和政治的科学化、实证化,由此便无法指望当前的政治科学和法律科学语言能够预测并描述权利的出现或者崛起。一旦权利出现,财富阶层及其雇佣学者通常会采取两种态度,要么将其捧上天堂,奉为奇迹;要么将其贬入地狱,视为蕴含着动乱的可能;究竟采取何种态度,要看此种权利的解释能否遂其所愿地加以解释,作为同官僚政治讨价还价的筹码。权力政客和财富阶层实际上都是人权观念的犬儒主义者,他们深信自身的特权是为政治生活的"铁律"所保护的,在对政治持现实主义态度的人们看来,这是理所当然的。这样的"铁律"包括"进步""文明"等等。一旦这些铁律遭受权利的溶解,他们当然感到不舒服,他们会本能地像早期罗马法律斗争中所展现的那样,尝试用种种办法将这些权利纳入惯常的铁律当中。其中最重要的办法便是模仿早期的罗马人,将这些权利诉求纳入立法轨道,使其实证化、科学化和理性化,使其断绝同生活中斗争性事实的联系。

此种措施引导人们固守法律,并尽量削弱对人权所抱的宗教式信念。就效果而论,这是在告诉人们:最后末日没有到来,也不必相信它会君临,这个世界不存在那种无谓的"必然性",实际行动的动机只要沾染雄心勃勃的目标,就不会有获得成果的可能;与其如此,不如只限于自卫的或者干脆是保守主义的目标。因此我们也就不难理解,那些为权利而行动的人们在捍卫权利的时候极少采纳真正的斗争信念。在他们内心当中,权利正如同面包和牛奶那样具体,捍卫权利同捍卫具体的改良措施相比,在通常思维中并没有理由为之付出更多的热情。重要的是,在这些行动者和呼吁者看来,权利的目标因为是具体的和可实证的,因此不难实现,一旦实现,就从此可成为既得利益。

既然信念就是如此,权利便只能游走在一个彻头彻尾的现实主义世界当中:社会主义是不可能的,资本主义恒久存在且无所谓成功失败;除了毫无信念地活在这个它并不信任且看不到真正变革前提的体系中之外,便不会再有值得为之奋斗的东西,实际上也没什么值得去做的。如果说人权确实演绎出自身的神话,那么这个神话的支撑物也并非权利自身的分量,而是由于人们内心所持的关于权利实证化的微小观念;人们只是觉得实证法太重要了,是生活的重心所在,这就是为什么权利也同样重要的原因。尽管人权的出现和崛起往往就是推行理性化政策的结果,但人们依然相信权利的可理性化,对权利诉求中的唯意志论成分保持麻木,并认定宪法和立法方面的斗争即可包含社会变革所有的必要条件。既得利益斗争的失败者当然会不断重提人权的口号,并展示出某种激进主义色彩。但正如王尔德所说的"野心是失败者最后的避难所",权利口号也正是既得利益斗争失败者的最后避难所。正是这种失败主义和犬儒主义信念决定了人们不再将社会主义视为"最终目标",而是视为"阶段"乃至"现状",这也恰好印证了伯恩斯坦关于"运动就是一切"的反讽表达:"我坦率地承认,我对通常所说的'社会主义最终目标'没有什么感觉,也没任何兴趣。无论这个目标是什么,对我来说都毫无意义。运动就是一切。我说的运动,既包括社会的总体运动,也就是社会进步,也包括那些带来这些进步的政治和经济动员与组织。"[1]

然而,西方人权的历史并非权力政客和犬儒主义者的历史。人权的历史所昭示的乃是反铁律的历史;铁律一再遭受打破,当然也一再以变化了的形式得到恢复,人们也正是由于铁律的恢复而感到舒服,才将那些特殊的运动称之为铁律。人权历史也许最为典型地说明了,铁律并非"必然性",往往也不意味着"正确性";这个世界时常不服从这些铁律,这一点足以说明一切。重要的是,铁律本身所展示

---

[1]  转引自萨松《欧洲社会主义百年史》,上册,社会科学文献出版社,2008 年,第 20 页。

的强制力并没有否决人们去作出不同选择的权利；从 16、17 世纪的弑君理论到 17、18 世纪的自然法和革命理论，无不展示出权利诉求乃是先于法律制度的。最先提出权利诉求的共和论者，其根本要义就在于由人民自己占领立法空间，正如孟德斯鸠所说的每种政体背后都存在一种相应的德性作为动力原则那样，权利诉求乃是一种积极性的和创造性的德性，而不是消极的和服从的德性。正如托马斯·莫尔洞察到的那样，如果一味强调服从的德性，将使人民对权力诉求所要求的政治德性失去知觉，立法者拟定的法律倾向于使人永远生活在童年状态，这种状态也许安全，不费心力，但也未免过于天真，并对随时到来的灾难失去应对能力。华丽且富有吸引力的政治口号背后通常都隐藏着丑恶的政治利益作为推动力量，这是政治生活的普遍法则。哈灵顿这样清醒的共和派只是不愿意揭露事情的阴暗面而已，但这一切未能逃脱麦考莱的 19 世纪眼光：

　　在我们今天看来，詹姆斯的计划是完全可以理解的。他向自己的臣民提出所谓的宽容，真正意图乃是在臣民当中制造分裂，同时又能得到欧洲大陆所有那些最残忍迫害者的赞许和掌声。这其实不过是最为显见也最为庸常的政治手腕而已。仅就我们的记忆所及，这样的手法已经出现不止上百次了。在当今这个时刻，我们则见证了法国的卡尔派运用同样的手法高声招呼着极左派去对抗中左派。就在四年前，英格兰也把玩了同样的手法。我们听说过那些古老的选区买卖人的故事，这些人通过无情运用驱逐手法而得以进入下院，并且终其一生都在致力

于反对一切有可能增进民主力量的举措,正是这些人一直都在
责骂《改革法案》不够民主,于是他们向劳工阶级提出诉求,并向
他们所谓的十镑户的暴政提出谴责,最终结果便是以我们时代
最为嚣张的煽动行为来换取赞扬和安抚。詹姆斯之利用普遍宽
容的呼声,恰恰就如同进来一些顽固的托利党人利用普遍选举
权呼声一样。我们时代的这些伪装民主派的目标所在,就是要
在中间阶层和大众之间制造冲突,借此便可以对一切改革形成
阻力。詹姆斯的目标也正是要在国教会和新教异端教派之间制
造冲突,借此来为天主教的最终胜利腾出空间。"(麦考莱:《论
詹姆斯·麦金托什爵士》)

权利宣言时代的人们往往未能体味权利诉求的创造性特性和积
极特性,他们似乎习惯于从纯粹消极的角度看待问题,美国革命年代
的"联邦自耕农"是此种态度的典型:"我们不能通过权利宣告来改
变事物的性质,或者创造出新的真理,但我们在人民的脑海中建立起
一些他们否则会永远也想不到或者会迅速遗忘的真理和原则。如果
一个国家意味着它的制度,无论是宗教的还是政治的,应当延续下
去,那么它应当在每个家庭必备的那本书的第一页写下那些主要的
原则。"[1]然而,权利诉求能否同一个国家的既成制度的无限制延续
取得完全融洽关系,或者说权利诉求的目标是否真的在于制度的无
限制延续,此一问题可姑且抛开不论。权利宣言或者纯粹法律文件

---

[1] 转引自斯托林《反联邦党人赞成什么?》,北京大学出版社,2007 年,第 130
页。

的捍卫者未能像革命时代更为洞明世事的美国联邦党人或者法国的激进主义者那样,意识到纸面文字同现实之间可能存在的鸿沟之深、之难以跨越。况且,时间流逝的毁灭性力量当然会将任何的原则付诸流水,设若人类尽量避免知其不可为而为之、不勉力进行不断地重建,以此来抵挡时代的邪恶冲击或者诱惑。

权利宣言之所以只能同步并存活于革命时代,正是因为革命精神所提倡的乃是积极的和创造性的公共政治美德,恰如权利宣言所提倡的乃是一种纯粹消极的、私人的和服从的德性那样。正如革命时代一位对此有深刻意识的联邦党人所论:"人民刚刚从反抗压迫的坚定斗争中走出来,这时试图去奴役他们近乎不可能;因为对过去遭受伤害的感觉仍然十分切近而强烈。但是在过了一段时间之后,这种印象自然消退了;——自由的熠熠光辉逐步消失;——起源于共和计划的人人平等对于逐渐麻木的人民来说其所具有的魅力也降低了——新政府所带来的愉悦和优点随着政府的运作在逐渐减弱。原本魅力四射的行动在各个方面的衰落(declension)必然产生因循苟且。对自由祭坛之守望也不像以往那样目不转睛;——一种新的激情占据了帝国的心智——各种不同的欲望出现了;——而且,如果说,政府恰好是骄奢淫逸、热衷于财富的,那么奢侈就乘隙而入并站稳脚跟了——这些会导致各种形式的贪污腐化,从而为行贿受贿打开了致命的通道。接下来,在这种流行的传染病中,某些人或者某个人比所有其他人都更强大,孜孜以求于攫取所有的权威;并且由于拥有大量的财富或者挪用公共的财产从而可能最终颠覆了政府,在原来的地方建立了贵族制或者君主制……我亲爱的同胞们,你们必须以最大程度的审慎和克制来反对这种无耻的风俗、邪恶的倾向。所有的国家在某些时候都要经历这样一种邪恶的发作——如果在这样一个关节点上，你们的政府没有坚定的基础作为保障，无法保护其免于这些邪恶之徒的阴谋诡计，这个国家的自由就会消失——永久地消失了。"[1]

的确，以亚里士多德为代表的古代作家们的智慧在今天似乎更能突显其力量，此种治乱循环原本是世事常态，16 世纪以来涌动于世界历史中的革命精神试图打破此种循环，但从长远来看则终归败落。但这并不意味着一个权利诉求者在面对此种世态时的彻底退缩和无所作为、从而"一切随风"的姿态，恰恰相反，此种世态恰恰表明了权利诉求者也在不断进行着无限重复的自我肯定和自我主张。

事实上，权利诉求也同样能够创立自身的传统，时间也将赋予它尊严。

1889 年，在纪念法国革命一百周年之际，财富阶层将商品和贸易奉为革命的终极果实，将埃菲尔铁塔而非巴士底监狱确立为革命的纪念物。但同时也存在着对革命的不同敌对解释，第二国际的代表们确立起自己的 1789 传统，与之针锋相对："资本家邀请富人和统治者出席这次'全球博览会'，评论和欣赏着工人们辛勤劳动创造的产物，但创造人类伟大财富的人却被迫生活在饥寒交迫之中。我们社会主义者，现在邀请财富的创造者们于 7 月 14 日这一天聚会巴黎。我们的目标是工人阶级的解放，废除雇佣劳动，创造一个不论性别和

---

[1]　斯托林：《反联邦党人赞成什么？》，北京大学出版社，2007 年，第 139 页。

国籍的男女一律平等的社会,其中每个人都能享受所有劳动者创造的财富。"[1]

　　没有人能对上述两种相互敌对的解释给出对错或者善恶的评判,它们只是对革命所制造神话的不同解释。重要的是,应当确认,要感知人权的要义,所要求于我们的并不仅仅是纯粹私人的道德情感、本能的义愤之情或者既得利益的诉求;相反,它要求我们认真体味世界中的敌对这一基本实情,同时也应当意识到,这个世界并不缺乏制造神话的能力。诚如韦伯所言:"不论现在在表面上看起来,胜利的是哪一群人,在我们面前的,都不是夏日里锦绣的花丛,而首先是冷暗苛酷的寒冷冬夜。当一切都荡然无存,丧失自己权利的不仅是无产阶级,皇帝也不会例外。到了长夜逐渐露白之时,在今天看来拥有花朵灿烂的春天的人们,尚有几个存活?到了那个时候,诸位的内在生命又已变成何种面貌?怨恨还是庸俗?抑或对世界或者自己职业的一种犬儒和麻木的接受?或者第三种可能(这绝对不是最少见的):有此种禀赋的人,从此走上了神秘主义的遁世之途,甚至(这种情况更寻常,也更可恶)为了跟从流行,而强迫自己走上这条道路?不论一个人沦入这三种情况中的哪一种,我都会认定他没有资格做他现在做的事情,没有资格去面对真相下的世界、日常现实生活中的世界。"

　　但愿我们都不要因为偏见或者追逐流行而将人权曲解为纯粹的私人幸福或者"消极自由",并从此退回到私人生活的种种"多愁善

---

[1]　转引自萨松《欧洲社会主义百年史·序言》,社会科学文献出版社,2008年,第3页。

感"中去。与革命同步的人权所传达的信息可谓神秘而多变,如同希腊神话中的海神般无所定形,且抗拒形成知识。但究其一点则可以说,这些信息所涉及者无外乎公共幸福和政治美德;这是一份没有遗嘱的遗产,因此需要人类在一代又一代人的时间中不断更新、重新确认。这也正是现代权利观念在 17 世纪英格兰起源之时,清教徒所做工作的实质所在。

# 八

# 体验命运：一个简单的总结

　　马丁·路德说过:"任何理论在接近人类之时都形同鬼魅。"西方历史中的人权理论也不例外。这首先意味着人权理论一旦进入现实的利益斗争格局,就只能以种种被限制和扭曲的面貌呈现给人类。人类不可能仅仅凭借自身无助的理性来领会人权理论的清晰形态,利益、情感、激情、野心、欲望、日常的生活经验以及心理状态等等,都有可能成为人类在接纳人权理论时的思考原点所在;人类不可能不对人权理论作出带有激情和偏见的解释,在此不存在理性和激情之间的机械对抗。这同时也意味着,自权利宣言诞生以来,历代人权理论家们的思考和写作所产生的结果通常会超出他们原本的预期,理论有其自身的命运,而这个命运是理论本身及其塑造者们根本无法控制的。正是洛克理论中的人权条款招致了日后精英财富阶层与平民阶层之间的惨烈斗争;正是杰斐逊明确表达于《独立宣言》中的人权条款以《权利法案》的形式写入建国时期的宪法文件当中,也正是《权利法案》揭开了美国内战的序幕并直接导致战后重建的血腥和失败。进而,在反思内战的血腥和重建的惨败的基础上,又进一步招致了镀金时代的宪法解释者和进步主义时代的宪法解释者之间的决绝对立和冲突。由于人们始终找不到办法克服或者缓解这一冲突,美国生活中的一道致命伤痕便由此注定并内在于美国的政治生活当中了。诞生于西方革命年代的法国《人权和公民权宣言》中的人权条款直接招致了社会财富重新分配过程中的两极分化,这一分化所建造的物质基础决定性地扑灭了大革命自身的权利理想,最终也直接导致了 1815 年之后的法国社会迅速陷入纯粹消耗性的内斗、瓦解和总体上的沉闷当中。

　　上述事件中参与历史斗争的双方都同样引用人权条款作为自身的哲学武器，作出完全有利于自身的解释，同时也保证这样的解释将会给对手造成根本上的伤害。事件本身只不过证明了马克思的格言：事情的关键不在于如何解释世界，而在于如何改变世界。人权理论不管采用怎样的叙事风格，洛克的推理论证也好，法国或者美国的带有宗教色彩的宣言文件也好，它提供给人类的终究不是理论，而仅仅是改变世界的一个手段而已，不会更多，也不会更少。杰斐逊在1800 年革命中曾数次说起，自由之树当以鲜血浇灌，倘若罪恶也能绽放为鲜花，那么人权之果实由罪恶之土壤培植而出又有何妨呢？正如麦考莱在剖析作为人权之本源的宗教自由原则时所评述的那样："耶稣会把玩的游戏也并非什么新东西。一百年前，他们也一度大肆宣扬政治自由，就如同此时他们大肆宣扬宗教自由一样。一百年前，他们意图抬高共和派的地位，借此来对抗亨利四世和伊丽莎白，就如同此时他们图谋抬高新教异端教派的地位，以此对抗英格兰国教一样。16 世纪的时候，菲利普二世的手法就是永远只宣扬近似雅各宾主义的教义，永远只坚持人民抛弃自己国王的权利以及个体公民将自己的匕首插进邪恶统治者胸膛的权利。17 世纪的时候，胡格诺教派的迫害者们高声呼喊着要反抗英格兰国教会的暴政，并以最大的热忱为每个人以自己的方式敬拜上帝的权利辩护。在这两种情形中，这些人同样都是表里不一的。在这两种情形中，若是真有傻瓜对他们表示信任，那就只能发现自己真的受了愚弄。一个善良且智慧之人当然不会赞同伊丽莎白的那些专横举措。然而，假如他相信了那批罗马诡辩士的宣言，加入他们的党派并参与诺森伯兰的叛乱或者参与巴宾顿的阴谋,那么此举就真的是在为政治自由的利益服务吗?若如此,那么他难道不正是在尝试扑灭一个暴政而后建立起一个糟糕得多的暴政吗?同样的道理,一个善良且智慧之人当然会对斯图亚特王朝时期英格兰国教会的行为大加谴责。但是,他应当因此就加入到国王和天主教的阵营中吗?若如此,难道他不正显然是在协助建立一种精神专制制度吗?而且,同此种精神专制相比,英格兰国教会的专制也只能算是小巫见大巫了。"(麦考莱:《论詹姆斯·麦金托什爵士》)

一个常常为人们所重复的观念是,人权理论的基础是自然法理论。这个观念只是部分正确。古代的希腊哲学家们以及罗马帝国时期的斯多亚立法者们也都同样坚持自然法理论,但并未从中诞生人权理论。原因在于:人权理论的基础在于人对自身所产生的自我意识,这样的自我意识在古典时期是不存在的。人权理论的母体乃是自我确立起来的个体公民。这样的个体公民只有在西方历史进入权利宣言的时代之后才会以法律文件的方式创造出来。博丹在16世纪即引用了古老的罗马法格言"凡帝国之民,皆为公民",这标志着欧洲政治思想同古典时代和中世纪的真正决裂,主权观念也同时由此诞生。不过博丹的政治世界仍然是一个传统的自然主义的世界,在这个世界中,权利和义务的主体并不是个人,而是从家庭到行会再到国家主权这样一个等级序列。格劳修斯是自然法学派的伟大代表,在他的自然法理论中也同样不存在作为个体的公民;相反,他倡导人民和国家之间的"双重主权"观念,而此处的人民这个概念则要在中世纪晚期的等级式的共同体这一背景下才能得到恰当理解。只有到了霍布斯的时代,并且也只有霍布斯第一个完全脱离了中世纪晚期政治理论和法律理论中所盛行的自然主义的团体和等级观念,在他的"利维坦"当中,主权者与由作为独立个体的所有人加总而成的人民概念真正成为现代国家的两个支柱。霍布斯表现出强烈的创造冲动,正如他所强调的那样,他的利维坦是典型的人造品,正如组成利维坦的躯体的作为个体的公民也同样是人造品一样。因此,作为独立个体的公民概念并不诞生于自然,相反,它从根本上就是纯粹人造的产物。

从霍布斯到洛克,随着英格兰社会中新的财富精英阶层的成长壮大并最终在 1688 年成功挑战及改造王权,作为制造品的独立个体也经历了从义务载体到权利载体的转变。财产权也取代了霍布斯式的服从权,而成为理解洛克统治思想的关键,人权理论由此而在英格兰经历了它的第一次诞生。不过对洛克来说,以财产权为决定性基础的人权理论本身并不足以孤独而自足地存在于这个世界当中,仿佛自我生成。恰恰相反,洛克的人权理论尚需要两种支撑才能存活,第一是自然状态这一设定,第二是人类原罪这一设定。洛克的自然状态假定了"天赐丰裕",也就是说,只要一个作为个体的人愿意劳动,他就总是会有无限的机会去获得并扩展财富,在"天赐丰裕"的状态中,并不存在这样的状况:一个人机会的获得意味着对另一个人的机会的否定。关于人类原罪的设定,则意味着人类由于原罪而陷于堕落当中,因此人类必须通过劳动来获得救赎,救赎的外在表现就是人类经由劳动而创造并拥有的财富。"天赐丰裕"的观念乃是针对在物质生存中苦苦挣扎的民众,既以机会的无限扩展性鼓励民众,又告诚民众戒绝掉在内战时期培养起来的革命精神,转而进入纪律性的劳动轨道;人类原罪的设定则主要针对土地贵族,告诫他们不劳而获并非获取财产权的正当途径。简言之,洛克的人权理论远非我们今天的"天赋人权"观念能够同日而语,它的要义乃在于人必须勤劳这一宗教式的救赎观念;与其说它是"天赋人权",倒不如说是宗教义务。

洛克的人权理论在北美革命时期得到最广泛的运用,只不过运用的方式及其结果远非洛克所能预料,也非他所期望。这是人权历史中最壮丽的篇章之一。

潘恩,无论在人权理论史上还是在围绕人权而展开革命(美国)或者斗争(英格兰)的现实历史中,都是一个分量很重的人物。潘恩的理论从表面上看带有强烈的激进主义的冲动和色彩,这使他最终成为和柏克针锋相对的理论上的对手。作为理论对手,他本人的才华很可能远在柏克之上,要不是柏克倾向于保守主义和精英主义的意识形态理论恰好迎合了后革命时代中产阶级的保守而柔弱、并因此倾向于秩序和稳定的心理状态,潘恩的才华之光就不会遭到掩盖,他也就能够得到人们更公正一些的理解。"社会"本质究竟是什么?这是个令历代思想家疑惑重重的问题。潘恩和柏克都选择以这个问题为理论探索的开端,而表现出各自的勃勃雄心。潘恩在某种意义上继承了卢梭的启蒙主义思路,将"社会"的本质认定为风俗、习惯、激情和偏见所构成的荆棘丛生的蛮荒世界,这一世界如果得不到人们在行动上的及时纠正,最终将使人类的理性遭受重重围困,从而使正确的社会秩序要么从根本上就无从建立,要么就丧失任何的变革机会。从根本上建立以人类理性为基础的社会秩序,对潘恩来说,是个历史机缘的问题,这样的机会实在是太罕见了,人类不可能对此抱有期望。对潘恩来说,那些在历史上拥有明确建国开端的民族实际上往往也并不那么幸运,无论是莱喀古士的斯巴达还是罗慕路斯的罗马,实际上都由于其建国者或者立法者不得不向人类的习俗和偏见让步,而错失了为人类理性树立立法权威的良机;因此,人类所能期望的就是退而求其次,尽可能地把握随时可能到来、但也确实为数极少的变革机会。对潘恩来说,新大陆殖民地针对英格兰议会主权而展开的斗争,就新大陆与旧欧洲的敌对关系而言,意味着建国的机会,就新大陆殖民地内部在战争中的重新调整而言,则意味着自我变革的机会。因此潘恩决心以一个宣传家的身份呼吁新大陆人民为"理性"而战。对潘恩来说,这场战争的首要政治表达式就是脱离英格兰议会的控制。既然这场战争从根本上讲乃是原则之战甚至哲学之战,那么战争本身就要求一种新的政治科学。为此,潘恩仍然以宣传家的身份将世界分为黑白分明的两个部分,要么是理性的,要么就是反理性的,中间不存在灰色地带。

不能以肤浅或者缺乏现实感来斥责潘恩的这种思考方式,必须联系到潘恩视之为敌人的英国思维方式才能公正地理解潘恩。正如巴克所评述的那样,在英国,像柏克或者西德尼这样拥有哲学禀赋的政客,都天然地倾向于将一种更具包容度的现实感融入思考当中。另外则是实践趣味颇为浓厚的哲学家,无论是休谟还是亚当·斯密都天然地倾向于将实践问题融入伦理原则的高等领域。对此,潘恩与后来的穆勒实际上持有同样的感慨:"通过追溯英国社会与政府的历史发展,可以发现,英国精神的普遍习惯与实践是妥协。理念的实践只是理念的逻辑结果的一小部分。根据纯理论思想家的通则而被公之于众的原则不会被彻底遵循,也不会在国家实践中被完全遵行,在实际运用中总是会被某种东西所半路阻止。……由于在英国,原则不会得到完全的执行,原则与实践之间的不和谐不仅已经被视为正常的状态,而且已经被视为可欲的状态。"[1]柏克将英国社会及其哲学的这种妥协状态视为对人性的保护,潘恩则依从正统的启蒙思维,将其视为对人性的威胁和围困。

不过潘恩并没有像卢梭那样,为了去除"社会"或者"习俗"对人性的污染和危害,而将探索的眼光推进到富有浪漫主义色彩的"道德人格"的层面。对潘恩来说,人性的构成也许是多重的,正如同人类的生活那样;不过浪漫主义的构思将使政治丧失理性的明确标准。新的政治科学必须以某种理性的标准为基础,而这一理性标准就是人权。美国革命正是在潘恩此一教义的激发之下,走过了从1764年到1776年的这段历程,从初次的反抗到《独立宣言》和新的殖民地宪法。布莱克斯通在《英国法释义》导言的第二节中评论说:"自然法……在义务要求方面当然高于任何其他法律……任何人类的法律若与其冲突都将丧失效力,而那些能够发挥效力的法律,它们的力量都源自自然法。"不过在同一篇导言的第三节结尾,布莱克斯通又写道:"如果议会正式立法要去做一件事,即使这件事是不合理的,我也不知道有什么力量可以控制议会。"布莱克斯通的这种论断似乎自我矛

---

[1] 约翰·密尔(又译约翰·穆勒):《密尔论民主与社会主义》,吉林出版集团有限公司,2008年,第182—183页。

盾,不过也确实昭示出自然法的激进力量在英格兰的不幸命运。不过这一激进力量却在北美殖民地存活下来,并成长为一支巨大的力量。詹姆斯·奥蒂斯早在1764年就已经宣称"只要议会的立法违背了任何的自然法……那么宣布这样的法律就违背了永恒的真理、公正和正义,因此也就是无效的"。[1]这一力量进入了《第一届大陆会议宣言》,当时的代表们宣称,殖民地依据永恒不变的自然法而拥有某些权利,而议会的某些立法则是对这些权利的掠夺和侵犯。[2] 在北美的清教徒氛围中,世俗的自然法恢复了它的神学基础;萨缪尔·亚当斯对他的同胞们宣布了不可去除的权利,这些权利是"上帝和自然"赋予他们的。[3]《独立宣言》则为美洲人民要求了一个位置,这个位置则是"自然法以及自然的上帝的法律"授予人们的。[4] 在摧毁英国议会的权威并斩断与英国的联系方面,潘恩的人权理论所挥发出来的力量要超过任何其他的力量。

不过要是把潘恩理解为伏尔泰式的带有反讽意味的乐观主义者,同时也将他的人权理论理解为有关人类的某种乐观理论,那就大错特错了。潘恩并不是乐观主义者,他深知他所捍卫并推进的事业的脆弱性,并深刻怀疑人权理论的拥护者和追随者们是否有足够的

[ 1 ]　S.E.Morison:*Sources and Documents Illustrating the American Revolution*,第 7 页。

[ 2 ]　S.E.Morison:*Sources and Documents Illustrating the American Revolution*,第 119、121 页。

[ 3 ]　S.E.Morison:*Sources and Documents Illustrating the American Revolution*,第 94 页。

[ 4 ]　S.E.Morison:*Sources and Documents Illustrating the American Revolution*,第 157 页。

战斗意志。他同时也深知，人权理论必须首先转化为某种斗争策略才有可能发挥效果，为此，潘恩明确宣称，为了捍卫朋友和追随者的人权，就必须否定敌对者的人权；若非如此，人权理论将永远沦为空谈。潘恩虽然也同启蒙思想家们一样对"大众"充满警惕和蔑视，不过既然人权理论不可能作为自足的主体存在于这个世界，那就必然要为人权理论寻求现实的力量支撑，正是这一点构成了潘恩思想中人权与民主的联合。而潘恩所理解的民主也同样拒绝英格兰代议制下的那种复杂形态，换句话说，潘恩将民主视为普通人生活中的"常识"，而非某种自上而下的教化的精英主义结果；由此便铸造了人权理论与人民激进主义运动的联合。与此同时，殖民地人民出于情感上的本能反应，更多的是将针对英格兰议会的斗争视为针对王权的斗争，从而使殖民地人民能够轻易地追随他们的清教徒先辈在1640年代英格兰内战中的革命典范，这是一个根本性的错误观念，不过也是一个关键性的错误观念。因为正是人们所犯的这个错误最终激活了殖民地人民进行斗争和革命的克伦威尔时代的清教徒精神；殖民地人民正是在克伦威尔及其铁甲军的范例上面发现了证明其独立斗争之合理性的依据，并借此正式确认了革命中的激进主义运动实际上也是一场宗教运动。潘恩的人民激进主义由此便在清教徒反抗精神的旗帜下获得了宗教基础，于是潘恩便能够在他的小册子当中向殖民地人民召唤一次正义战争，并许诺一个胜利之后的人间天堂。基督教的千禧年主义与人权理论在潘恩的小册子里面获得了几乎是完美的融合，人权的理论语言经由潘恩天才式的洗礼最终成为宗教语言，潘恩也正是在这里找到了自身才华的发挥之所。这一切都是因为潘恩比任何人都更清楚，人权理论只有在转化为富有激情的宗教语言之后，才能服务于现实的经济和政治斗争。

19世纪初崛起于德意志的历史法学派是人权理论的死敌，这是因为历史法学派从根本上就起自对权利宣言时代的反动。历史法学派的决定性先驱赫尔德警告权利宣言时代的人们，要求人们注意包括人权理论在内的任何理论的微不足道。赫尔德这样写道："那些寻求一种更为高贵目标的人发现，他们周围的一切事物都是不完美的、不完整的，这是因为世上最高贵之物还远未达到，而最纯洁之物更难持久。我们人类的历史、人们采取的许多尝试与努力，以及降临在人们头上的事故与革命都说明了这一点。偶有智者出现，在时间的洪流中留下一些观念、认识和行动的印记。他们在这潮流之上所泛起的不过是波纹而已。"[1]由此，历史法学派强调人权理论本身只不过是一件历史产品，可能沿着这个方向或者那个方向发生演化，受制于特定的历史情境和具体的偶然性，最终由这个或那个民族促成。这实际上意味着人权理论仅仅凭借自身的理论形态，在历史的潮流中将不会有停泊之所；这个观念无论就洛克的情况而论，还是就潘恩的情况而论，无疑都是正确的。在时间中运行的社会思想确实是正义和权利的一个基础；不过历史法学派却未能更为深刻地体认洛克或者潘恩就时代精神所得结论的精髓，而这一精髓就是：人类的心灵总是要求正义和权利的核心超越时间和空间。人权理论对于这样非时间性的和非空间性的正义与权利核心是有所感知的。这也就是为什

[1] 赫尔德：《观念》，巴纳尔英译本，第281页。

么我们应当把人权理论这种不死的精神多多少少地融入到现代法律和政治的几乎所有观念当中。革命和事故时刻会动摇并考验人们的各种共同目的。其中一些像树叶那样飘落在地上，那些存活下来的则改变了颜色和性质。在我们这个奉行实证科学和实用主义的时代，人权理论本身已经找不到重新唤醒人类信仰的有效办法，但问题的关键并不在于人权理论作为一种理论的死亡或者改变，而仅仅具有在于人权理论在仍然坚持人权的人们的心中已经动摇了。人们常常说人权已经死亡了，这仅仅是因为人们已经不再有坚持人权信念的韧性和斗志了，而仅仅具有这样的韧性和斗志就足以保持人权的生存。这一点，即使是人权理论的反对者也不会反对。兰克的一段话运用在人权理论身上也许是再合适不过的了："时常令人疑虑的文明进步也并不是世界历史惟一的意义所在。它还存在力量，真正精神的、赋予生命的和创造性的力量，不仅如此，还有生命本身。……对于它们的存在，人们能够培养出一种同情，它们展现、记录这个世界，以多种多样的表述来呈现它，相互之间进行争论、制约和压制。在它们的相互作用和演替中、在它们的生命中、在它们的衰落与复兴中包含了一种不断地充实、不断地增强的重要性和不断地拓展，那里藏有世界历史的秘密。"[1]

　　常常有言论鼓吹西方文化中人权要素的衰落，乃至西方文化整体上的衰落，说这些话的人所持心态要么是犬儒式的悲观颓废，要么是幸灾乐祸式的欣喜万分。这两种态度截然相对，不过却站在同样

---

[1]　转引自怀特《元史学：十九世纪欧洲的历史想像》，译林出版社，2008 年，第 229 页。

的观念基础之上，那就是：他们都将人权仅仅视为一种安静的理论，而非一个战斗的事实；理论往往使人们不由自主地站在一个外在于历史洪流的制高点上凭借沉思去划分时代并拒绝行动。然而，一旦我们像洛克或者潘恩那样，意识到人权只不过是以理论形态表达的战斗性的事实而已，而战斗和改变正是生活的一部分，那么我们就能完全投身到时代的运动当中，对于这个我们自己也投身其中的时代，我们实际上是无法作出负责任的评判的。这就像克罗齐所说的那样："我们应当加入我们自己的历史时代，但不是以对那不能加以沉思的东西的沉思来加入，而是根据我们每个人义不容辞的、也是良心指派的和职责要求的角色，以自己的行动加入其中。"[1]

人权在本质上就是将历史知识表述成为关于人类个性的知识。在这个意义上，人权的价值将是永恒的。然而，要促使这种历史知识充分发挥效用的关键恰恰就在于，要尽可能地阻止将这种知识纳入实证科学的一般性范畴或者哲学概念的普遍真理当中。

---

[1]　Croce：*History：Its Theory and Practice*，New York：Harcourt and Brace，1923年，第312页。

附录一

A.泰勒 / 1848 年：德意志自由主义年代

　　维也纳和会的政治家们希望造就一个稳定的德意志。但是他们的解决方案乃是一个机械的、武断的体系，其中没有任何可供忠诚或者热情容留的空间。没有任何元素可以对保守派形成激发；自由派对之秉持仇视态度，民众则只是消极接受。德意志同盟本来是针对法国设置的一个防御性的同盟；不过在 1830 年和 1840 年的两次危机中，德意志同盟都被证明其完全不具备效力。此种局面之下，德意志大地上仅存的便是普鲁士和奥地利武装力量的权威；这样的权威毫无疑问是负面的，不具备任何的建设性。不过，普奥之间的这种伙伴架构也很快归于瓦解，一同丧失的还有其中的道德信念和实际权能。1835 年弗朗西斯一世驾崩之后，奥地利帝国迎来了一个愚钝君王——费迪南德——虚有其表的统治，实际上则沦落到充满嫉恨和绝望的三巨头政治格局当中，这三人就是梅特涅及其竞争对头科罗弗拉特以及路易斯大公，后者是弗朗西斯一世最小的弟弟，也是兄弟中最软弱的一位。奥地利的政策也随之日趋落入无望境地，财政状况更是混乱不堪，军力也日益衰落下去。奥地利此前一直享有的道德权威如今已经不复存在了，几百年来最顽固的保守派也对这个"欧洲的中国"完全失去了信念。

　　普鲁士则保持了高效的行政体制，财政方面也秩序井然，商业政策非常开明且成功。此时的普鲁士统治阶层也逐渐远离了神圣同盟时期那种狭隘的保守主义。在 1840 年的战争危机中，普鲁士挺身而出，只身扮演德意志捍卫者的角色，自 1813 年以来，德意志民族主义的热情头一回围绕着普鲁士展开。1840 年之前，普鲁士的统治者一直都认定，德意志的统一将会摧毁普鲁士；1840 年的战争危机则令普鲁士第一次洞察到,自己是可以利用民族主义情感来征服德意志的。
普鲁士政策的这场变革,也有着更为切近的原因,那就是腓特烈·威
廉四世的性格,腓特烈·威廉四世恰恰就是在1840年继位。德意志
的改革王族经常发生精神失常的事情,无休止的近亲婚配,加之权力
虽然受限于领地界线,不过在这界线之内却是没有任何拘束的,由此
便使得反常的君主成为正常之事。巴伐利亚国王疯了,布伦瑞克公
爵疯了,黑森选侯疯了,皇帝迟钝了,这些在德意志历史上已经成为
老生常谈。小邦国的王侯们也很难说有哪个是正常的。霍亨索伦王
族却一直都相当独特,这个王族的统治者序列一直都是四平八稳的,
虽然也都没什么天赋(唯一的例外却是个天才而非疯子)。腓特烈·
威廉四世打破了这个漫长的王族序列。此君举止颇为怪异,禀性冲
动且极为浪漫,内心挤满了种种矛盾想法,最终也疯掉了。普鲁士的
政策正是因为此君而偏离了克制轨道,令普鲁士深深卷入德意志事
务当中,并且到了再也无法抽身的地步。容克阶层的普鲁士同民族
主义的德意志,可以说是极端对立的,如今,他们因为腓特烈·威廉
四世的癫狂而联结起来。这样的联结也许是无可避免的;不过,若真
要成就这样的联结,也确实需要一个疯子过渡一下。

　　腓特烈·威廉四世并非自由派。他的种种观念,在他清醒之时
还是能够梳理出一条脉络的。严格地说,他的观念就是中世纪复兴
论者的观念,相当于牛津运动的普鲁士对等物。他和他的父亲一样
仇恨自由立宪体制,日日梦想着封建等级体系当中的烦琐仪规。他
仇恨革命的民族主义,并在理论上对哈布斯堡王族的领袖位置有奉
献之心;因此,他梦想着古老帝国的复兴,皇帝在其中担当名义上的

领袖,至于实权则由普鲁士国王掌握。此类想法也并非密室里的秘密。腓特烈·威廉四世是颇有能力的演说家,不吝在一切场合宣泄自己的意向。因此,也可以说他是日后德意志政治之特性的第一位宗师,确切地说,此种特性就是空洞但刺激性的话语、高声且急速宣泄而出的语词,借助这门异乎寻常的语言,足以将脏水转化成为烈酒。他的第一项举动就是叫停同天主教会的冲突,这场冲突正将莱茵兰置于骚动状态,同时设计出一项模糊规划,意在令基督教重新团结起来。这项规划最终一无所成,不过,同教会的冲突则就此消停下去,普鲁士国家同一切竞争性权威之间的那种根深蒂固的敌意也就此隐没,不过,仍然有一种朦胧的感觉挥之不去。世人总觉得普鲁士很轻松地就容纳了新教和天主教,因此,也就比天主教的奥地利更富有"民族"气质。腓特烈·威廉那臆想中的等级议会体制却不会这么轻易地就转化为实践。容克地产主阶层倒是愿意拥有封建贵族的派头,争相对这样一个国王摆出一副中世纪式的尊敬姿态,毕竟,这个国王正在牺牲自己的权力,服务于他们的利益。但是等级议会是需要第三等级的,也就是那个没有特权、卑微且依附王权的等级;而在普鲁士,并不存在这样一个等级。普鲁士如同德意志的其他邦国一样,所谓第三等级乃是由自由派律师和官僚构成,而这批人的心思全在于一部成文的宪法以及一个普选产生的议会。不管怎么说,尽管普鲁士王国是依据容克阶层的领地而获得王国的名号的,但事实上,超过半数的省区都位于易北河以西,拿破仑的遗产对这些省份所产生的影响并不逊色于对其他小邦国产生的影响。

结果,腓特烈·威廉四世的宪制规划只能沦为空空的言辞,唯一的成果便是 1843 年各省议会委员会的集会。然而,这个"联合委员会"也未能设计出一部并非完全空洞的宪法。就在此种冲动型的浪漫主义归于败落之时,铁路取得了成功。1835 年,巴伐利亚开通了德意志的第一条铁路,从纽伦堡到菲尔特,共计 5 英里里程。截至 1840 年,铁路在普鲁士也正式营运了,并且修建铁路的热潮向四面八方扩展开来。确切地说,有一个方向是例外的,在从柏林往东通往东、西普鲁士的"殖民地"领地的这片区域是没有铁路可言的,仿佛铁路是要牵引着柏林远离容克的东方并靠近自由且工业化的西部地区。对于容克地产主来说东方铁路乃是至关重要的。假如容克东方要维持同柏林的联系并垄断政治权力,那么铁路就毫无疑问地具有至关重要的政治分量;从经济上讲,铁路对于容克东方也是至关重要的,否则东部德意志的这些边角之地就无法主宰人口日益提升的西部。然而,私人企业是不会去建造东方铁路的,即便普鲁士国家为之提供利润担保。因此,东方铁路就只能由普鲁士国家来修建了。由此带来的政治后果则是充满悖论的。首先,容克阶层此时对国营企业和自身利益产生了较之以往任何时候都更强烈的认同感。因此,在 1848 年之前,容克阶层的作家们便开始唱起了社会主义高调,为了掩盖其在东方铁路上的特殊利益,有些作家甚至倡导全部铁路都施行国家所有权。其次,必须设计出一套理想封皮来遮掩富裕的西部省份为东部省份的铁路利益买单这一事实,毕竟,东部省份的铁路是无法自营维持的。解决办法很简单:东方铁路被呈现为波兰领地上德意志文化大旗的担纲者,容克阶层的作家们将之刻画成条顿骑士时代以来向着东欧展开的一次最为伟大的突进。在这批作家笔下,东方铁路是要将东西普鲁士从维斯杜瓦河的南北线路上解脱出来,并将东西普鲁士归附于从柯尼斯堡到亚琛的这条东西走向的线路上。于是,东方铁路便成了德意志民族事业的推进者,尽管背后隐藏着普鲁士地产主们的私人利益。

再次,东方铁路也使得地产主们摇身一变,成了宪法的倡导者。只要人们基于原则立场而要求一部宪法,地产主们就会支持国王阻击自由主义。但是,腓特烈·威廉三世在1820年曾承诺普鲁士国家,若非立法机构同意便不得提升公债额度。因此,容克阶层唯一富有胆略且铁腕无情的人物俾斯麦便据此指出,倘若是国家出面建造一条富有效能的铁路,就无需奉行这样的承诺。此时的俾斯麦还是籍籍无名之辈,而且这个时候的容克阶层就主体而言还是受人敬重的,也都没什么进取之心。因此,腓特烈·威廉四世遭到了普鲁士专制主义所依托的那个阶层的抛弃,确切地说,正是东方铁路驱动着容克阶层向立宪主义迈开脚步,而容克阶层则相应地驱动着国王向立宪主义迈开脚步。然而,此时立法机构的代议性质却薄弱得不能再薄弱了,不过是各省议会组成的集会机构而已,尽管"联合议会"这个名字听起来很不错。在此时的普鲁士土地上,直接选举制这样一种邪恶原则,尚未诞生。不过,1847年联合议会召开之时,其行为举止仿佛就是一个自由派的议会组织。此次会议提出了经典的自由主义要求:定期开会,没有议会同意不得增税。这些要求遭到了拒绝,作为报复,联合议会拒绝为东方铁路批准贷款。很自然地,反对派力量主要来自莱茵兰方面。不过,在对东方铁路发起谴责的过程中,最早且最为坚决的一批人乃处在东普鲁士的第三等级,无论市镇还是乡村都是如此。这批人有着丰富的经验,足以令他们看穿掩盖在德意志事业背后的容克利益。1847 年 6 月,在经历了一个空洞会期之后,议会宣布散会;不过也不能说一无所成。此次会议以及接踵而来的论辩潮流,削弱了普鲁士专制体制的信心,更重要的是,削弱了普鲁士专制体制的声望。对于已经发生的事情,腓特烈·威廉四世无能为力,于是便在接下来的那个冬天准备作出让步;这样的让步,他在 6 月份是拒绝的。容克阶层则无法打起精神,他们追随俾斯麦那狂野的步伐,选择了在道义上向自由主义低头。在德意志人眼中,就如同奥地利的古老秩序一样,普鲁士的古老秩序看起来是也要解体了。德意志的两大权威支柱归于坍塌边缘,只需要外力轻轻碰触便会倒地。路障已经清除了,只等革命年代降临。

1848 年是德意志历史上的关键年份,可以说是继往开来的一年,当然也是欧洲史上的关键年份。神圣罗马帝国的回音在这一年幻化成纳粹“新秩序”的序曲;卢梭和马克思的教义、路德和希特勒的身影彼此挤撞着、重叠着,最终在这一年融合成为一个令人迷失的承接序列。从来不曾有一场革命是由对观念之力量的无限信仰激发起来的,也从来不曾有一场革命在结束之时会对观念之力量完全失去信念;革命的失败令自由主义观念信誉扫地。此后,大地彻底裸露出来,除了力量之观念,其他一切都荡然无存。从此,力量之观念便掌控着德意志历史的舵柄。可以说,自 1521 年之后,这是德意志人民破天荒头一回得以步入德意志舞台的核心地带。不过,这一次演出也令德意志人民再次迷失在舞台之上和历史当中。德意志历史在此次演出中抵达了转折点,但转折最终没有发生。这就是 1848 年的宿命和本质。

　　就一切现实层面而言,1848 年的德意志仍然是那个经历了拿破仑战争的德意志,确切地说,仍然是一个乡村共同体。自 1815 年之后,人口获得了巨大且持续的提升,从 1816 年的两千四百五十万提升到了 1846 年的三千四百万(倘若算上奥地利领地上的人口,则是从三千万提升到了四千五百万)。[1] 但是城市和乡村人口的比例并未发生变化,在普鲁士,1816 年乡村人口比例为百分之七十三点五,1846 年比例为百分之七十二。此时的市镇规模仍然很小,主体人群仍然是职业和知识领域的中间阶层。工业资本家并未形成一股像样的政治力量,更不用说产业工人了,甚至现代工业化所需要的物质基础也没有奠定下来——1846 年仅伦敦一地消耗的煤炭就超出了普鲁士全国的产量。1848 年的那场革命并不是新力量的爆发,而是"学生联盟"迟到了的胜利,解放战争年代的那批学生如今都已经年过五十了。阿恩特——反拿破仑的爱国诗人,乃至"体操之父"雅恩仍然是 1848 年革命运动的偶像人物,就如同 1813 年那样;不过,如今在歌唱自己年轻时代的时候,他们的声音都已经开始颤抖了——他们在瑞典式的操练中展示自己年轻的能量,不过展示出来的都是已经皲裂的肌肉。

　　自由派占据了 1848 年的前台,但是这批人都是 1813 年的老人了,漫长且虚掷了的光阴令他们变得十分肃穆。他们已经学会了谨

---

[1]　这个人口额度并不全是德意志人。普鲁士的斯拉夫人口(和波兰人口)从两百万提升到三百万,奥地利的斯拉夫人口(和捷克人口以及斯洛文尼亚人口)从四百五十万提升到六百万。

慎,学会了克制,而且也像他们自己所希望的那样,学会了淑世智慧。他们端坐在小邦国的议会里,逐渐开始相信一切事情都能够通过论辩,通过和平的说服工作来达成。他们本身都已经成为公务人员,依靠王侯的薪水和补贴度日,信奉王侯们的善意,并将此信奉为他们政策体系的第一条款;而且他们也都真诚地认定,通过改造他们的统治者,他们是能够达成目标的。在这批人身后的则是激进派。这些激进派们此时都籍籍无名,也缺乏经验;他们跟自由派前辈一样,都出自同一个知识中间阶层,只不过他们是更年轻的一代人,确切地说,他们是浪漫主义运动的子嗣,是弗伦茨·李斯特、帕格尼尼和霍夫曼的同代人。这批激进派对现实领域的结果不感兴趣。对他们来说,革命就是目的,暴力是政治的唯一方法。然而,尽管他们一直都诉求力量,但他们根本就没有力量。1848年的一系列激进尝试——海克尔在4月发表的德意志共和宣言以及斯特鲁夫斯在9月份的起事——连失败都谈不上,不过是拙劣的闹剧而已。激进派意在诉求人民,要求普选,同时也要求一个人民的共和国。但是他们同德意志人民一点关联都没有,没有大众支持,同大众没有接触,根本就不了解大众的需要。因此,这场革命便在一个已经限定好的舞台上完成了演出:舞台的一侧是德意志王侯们,另一侧是有教养的德意志中间阶层,自由派和激进派算是演职人员,最终是农民大众负责清扫舞台;只不过,这些农民都是普鲁士军中训练有素的士兵。

然而,无论是在市镇还是乡村,没有财产、没有受过教育的民众都已经变得非常不满且躁动不安了。可以这么说,1848年的时候,德意志既有一场有意识的自由派革命,也有一场无意识的民众革命。

德意志人口就这么无可遏制地增长着，东德农民陷入了土地饥渴症的泥潭当中，同时也驱使西德农民陷入了债务泥潭当中。智识阶层肆意谈论着革命，革命话语便不免也渗透到农民当中，就如同 16 世纪宗教改革引发的智识热情也不免渗透到农民当中一样。1848 年初的几个月，中欧大地经历了零星的农民骚动，仿佛就是 1525 年农民起义的苍白影像。东部的农民拒绝劳作，甚至对城堡发起攻击，并纷纷刮掉胡须，以干净面貌示人，以此来宣示他们的自由；西部的农民则期盼着物品共享，并在乡村集市上聚集起来，等待着对全部的财产实施平均分配。中间阶层自由派完全忽略了这类民众运动，即便是最为极端的激进派也对之视而不见，于是农民便陷入了无领袖无组织的境地。通常，农民也会转身寻求他们的"天然领袖"，也就是地产主。其他地方的农民也都接纳了"权威"的引领。不过，在所有地方，革命的动力都已经荡然无存了，1848 年革命并没有包含任何的农业因素。

革命的领袖人物既然都生活在城市，也就不可能完全忽略城市民众阶层的运动。然而，这些革命领袖也没有任何社会性质的规划，顶了天，也只是半遮半掩地胡乱拼凑一个临时规划出来。手工业工匠的命运因为英格兰批量生产的廉价产品而遭遇了毁灭；从 1847 年的冬天到 1848 年，第一场大规模的经济危机摧毁了更大一些的德意志市镇。3 月 13 日维也纳爆发了革命，3 月 18 日柏林爆发了革命，这两场革命为一场全德意志的革命扫清了路障，而且这两场革命也都可以作为失业人群的暴乱行动而得到荣宠。然而，革命的政治领袖人物并没有同失业人群的这场运动建立任何关联。城市工人都获得了临时救济和临时工作,不过这根本不是有规划的社会政策的组成部分。自由派放弃了自己的经济原则,并选择了投降,借此来平息这场社会骚乱;激进派支持民众的要求,不过这倒不是出于什么信念,而是为了俘获大众以便推动他们自己的革命目标,比如普选权、陪审团制度、军官选举制、取消国家公务员的补贴等等。自由派则利用民众骚乱来迫使王侯们作出让步,比如说,国民卫队,乃是公认的自由派手中的力量,却四处宣扬自己是社会秩序的捍卫者。激进派也许更有胆略一些,他们敢于激励民众,以便在更大程度上对王侯们形成威慑。

革命和人民的分离决定了 1848 年的事情。革命当然获得了指挥官,但是没有士兵。1815 年体制所依托的那些古老力量因为自身的软弱和混乱而选择了低头,但是没有新力量取而代之。统治天下的仍然是观念,一旦古老力量清醒过来,观念的统治也就立刻结束了。1815 年的德意志同盟所依托的并非自身的力量,而是法国、奥地利和普鲁士的三角均势。1848 年最初的几个月里,巴黎、维也纳和柏林发生的革命一度颠覆了这一均势体系。德意志公民,实际上就是市镇里面的固定居民,突然发现自己自由了,而自己并没有付出任何的努力。监牢的大墙坍塌了,狱卒也都消失不见了,原本只是智识王国里面的德意志,突然之间变成了确定无疑的现实。这三场革命对于这场变迁来说乃是至关重要的。假如其中有任何一个权力中心屹立不倒,那么德意志革命就永远不可能发生。因此,在这样的局面中,再去考量德意志革命的败因,就实在是无稽之谈。巴黎、维也纳和柏林的革命已经取得了成功,但是德意志并没有发生成功的革命,因此,也就谈不上失败了。自由派只不过是惺惺作态地置身于那片权力真空地带,并等待着复苏的古老势力重新填满这个真空。

2月24日的巴黎革命推翻了路易·菲利普,在整个西德都激起了回应,那情形颇类似于1789年的革命所激起的回应,只不过这一次的规模更大。几乎在所有的邦国,统治者和人民之间都发生了经久的争执,一些争执局限于严格的宪法议题,还有一些纯粹是个人性质的,大多数则混合了法律上的怨诉和王侯个人的恶行。巴伐利亚的冲突颇具代表性。巴伐利亚国王对一个自称劳拉·蒙策的爱尔兰舞女迷恋不已,斯温伯恩称此人是多洛雷斯,痛苦女神。国王的举动令巴伐利亚人民既震惊又愤怒。此类荒唐事一般倒也不至于引发一场革命;不过若是置身革命风潮当中,则完全有可能成为关键事件。正是因此,在巴黎发生革命之后,这些涌动了数年时间的琐碎争吵便展现出决定性的力量。所有邦国都抛弃了在任的官员,转而任命更具自由派倾向的官员;选举权也都得到了扩展;一些邦国甚至更换了统治者,比如巴伐利亚,劳拉和她的仰慕者一起遭到了驱逐。但是,任何邦国都没有发生真正的权力变迁,因为根本就不存在可资替换的真实权力。跟1791年和1830年发生的事情一样,法国革命在德意志激起的回响最终被奥地利和普鲁士的军队平息下去了。1848年3月初,普奥的联合干预就已经再次酝酿起来,只不过没有来得及发力,维也纳和柏林的两场革命便动摇了这两大军事王朝。

3月13日的维也纳革命乃是一场真正的革命。梅特涅体制已经沦落到外在软弱内在腐朽的地步:行政、财政以及军队都已经败落不堪;宫廷也因为倾轧和派系而四分五裂,帝国家族中为数极少的几个权势人物实际上也都巴望着梅特涅倒台。因此,3 月 13 日的这场运动也就成了各个阶层都参与其中的运动。这场运动永远地结束了旧奥地利,并且粉碎了保守派在整个欧洲的声望。一批迷茫不已的官员匆匆拼凑起一个政府,在每一次游行示威的冲击之下,政府也在走马灯似的更换着。在两个多月的时间里,奥地利实际上没有权威可言,奥地利的德意志权能也随之消散于无形。此外,自 1815 年之后,奥地利便一直都在德意志位居次席;奥地利军队也一直都以意大利为重心运转,而且奥地利的德意志地位应更多地归功于传统和政治手腕,而非奥地利的实际力量。1848 年真正的决定性事件乃是柏林的那场革命,仅凭这场革命,就足以为德意志自由主义开创一段短暂生涯。普鲁士革命的终结也就意味着自由主义事业的终结。

　　古老的奥地利出于诸多根深蒂固且无法克服的原因而轰然倒地,也正是这些原因造就了这场革命。但是普鲁士王朝却没有患上这类非得一场革命才能救治的疾病。普鲁士的行政极具效能,财政状况良好,军队纪律稳固,军官们的自信心并未发生动摇。1848 年的氛围必然会在柏林生出事端,不过,普鲁士军队拥有足够的力量去恢复秩序并捍卫专制体制。这都是情理之中的事情。因此,3 月 18 日,当骚乱发展成为巷战的时候,军队实施了介入。骚乱者遂遭遇压制,街道也都完成了清理工作,军队眼看就要控制整个柏林了。这其间的反常因素就是腓特烈·威廉四世的性格。他厌恶军队,并且对霍亨索伦王族的军事传统秉持恨意。联合议会上,他的浪漫观念遭遇挫败,他也因此陷入迷茫当中,这都使得他无法对自己的都城完成彻底征服。即便是在 3 月 18 日的时候,他仍然是用劝说来配合武力。

第二天,他便完全陷入了混乱,先是承诺只要撤掉街垒,他就撤出军队,最后则是命令军队无条件撤出。截至 3 月 21 日,柏林从表面上看已经掌控在革命派手中了。市民卫队在街道上巡视;国王则佩戴着民族主义德意志的革命旗帜,从大街上穿行而过,并且高调宣示了一项著名的主张——"普鲁士融入德意志"。看起来,连国王也是拥护革命事业的。

　　柏林革命所取得的胜利也决定了德意志随后的进展。一旦普鲁士军队败了,那就没有任何王侯能指望成功。如今,自由派中间阶层的道路可以说已经打开,可以实施他们那种借助各方同意来完成德意志统一的大业了。此种局面之下,激进派看来是用不上了,即便这一派拥有更为强大的动力。不管怎么说,假如委员会形式的会议能够达成同样的目标,没有人会愿意选择街垒。然而,柏林的这场胜利是虚幻的,因此也就为未来的一切灾难埋下了伏笔。普鲁士军队并未失败;确实,普鲁士军队遭到了羞辱,不过,它满怀恨意而且信心满满。军方领导人已经决心迎回国王并继续 3 月 19 日爆发的那场斗争。腓特烈·威廉四世也肯定没有改宗自由主义事业,他只不过是神经错乱而已。他向俾斯麦抱怨说,焦虑令他夜不成寐。俾斯麦冷冷地回应说:"一个国王是必须拥有睡眠能力的。"此时的腓特烈·威廉四世并没有真的疯掉,这种事情直到 1858 年才发生,因此,他迟早会找回好睡眠的,普鲁士政策也将寻回自身的力度。此外,即便腓特烈·威廉四世最为狂乱的时候,也都不取法精神状态不稳定之人通常会有的那种狡诈。虽然他被迫同意召开一次普鲁士议会,不过他也尝试借此扭转颓势,具体做法便是提议德意志所有邦国都派遣代表参加此次议会,由此,他便可以创造一种事实上的统一局面。他表达过要让普鲁士融入德意志,不过他的这种意愿是骗人的,这实际上是要求德意志人将自己的命运交付给腓特烈·威廉四世那怪异的冲动。

　　腓特烈·威廉四世的虚假改宗并不是没有产生效果。此次改宗行动在这么一个决定性的时刻,模糊了中间阶层的理想主义德意志同保守的地产阶层的普鲁士之间无可克服且本质性的冲突。假如普鲁士军队以胜利者姿态从 3 月的战场上走出来,那就必定会以秩序之名征服整个德意志;倘若事情真的这么发展下去,也就必定会在德意志激发一场真正意义上的革命浪潮,无论结果如何,都会令普鲁士永远地疏离民族主义的德意志。腓特烈的改宗行动令普鲁士在不知不觉间溜进了自由派阵营;第二年,当自由主义事业凋落之时,那虚幻的 3 月记忆也欺骗了自由派领导人,令他们将腓特烈·威廉四世视为他们的保护人。1848 年 3 月,腓特烈·威廉四世似乎是向革命投降了;结果,在 1849 年的 4 月,他又很自然地将革命招安。1848年,腓特烈·威廉四世的投降之举来迟了一周。3 月 13 日梅特涅倒台,这令德意志自由派认为自己不需要一个保护人也能够有所成;柏林起初的军队抵抗也削弱了普鲁士的自由主义色彩,并在这方面落在了奥地利后面。德意志的各个邦国都没有回应腓特烈·威廉四世的邀请。确实,德意志自由派根本就反对召集这么一次普鲁士议会。他们更愿意将普鲁士限制在省区议会的轨道上,由此,在通往一个民族性的德意志议会的道路上,排除一切可能的竞争者。德意志自由派所作的这类判断实际上都是律师的判断。他们认定普鲁士的存在对德意志的统一是个威胁；不过，他们错误地认为普鲁士已经融入到普鲁士立宪体制当中，而非融入到普鲁士军队当中。因此，他们错误地认为，普鲁士军国主义已经被彻底且永远地击败了，而且在他们看来，普鲁士军国主义的这场失败是决定性的，因此他们可以放心地协助腓特烈·威廉四世对抗普鲁士议会，而不用担心会产生任何的危险。此种法条主义视野也令德意志自由派近乎狂妄地宣称，腓特烈·威廉四世 3 月 19 日的投降之举乃是自愿和真诚的；毕竟，倘若他们承认柏林的街垒和鲜血在这场德意志革命中是发挥了作用的，那么他们的政治哲学也将随之毁灭，这就如同国联的倡导者们必须将国联的根基乃是击败德国这一事实隐藏起来一样。

由此，维也纳和柏林的革命便使得德意志人可以决定自身的命运了。这在德意志历史上还是头一回。德意志人随即表达了这种自由，具体表达方式便是在法兰克福召开国民议会。因此，这个议会也可以说是 1848 年精神的集成之作。国民议会的起源是有象征性的。此次议会之所以能够成行，并非因为革命派攫取了权力，也不是因为民众当中生发而出的新原则，更不是出于两方的合作：一方是知识阶层，这个阶层自命为德意志的代言人；另一方则是同盟议会，此时的同盟议会仍然自居为德意志王侯的代言人。知识界不自觉地陷入革命情势的罗网当中，这是很自然的事情。五十一名知识分子聚集在海德堡，在自己的内部小圈子当中宣读文件；此时三月风暴刮得正酣。知识分子通常都是这么干的。突然之间，他们的主张都实现了，这令他们吃惊不小，此时，他们不得不为德意志代言。他们的发言展示出全部的那种赋有责任感的庄重典雅——此种仪态乃是学者政客们所专属的,并宣布信守一部根本就不存在的宪法的精神。此时,他们一下子便走出了那五十一人的小圈子,并对自己和知识界的朋友们实施了金身再造,以请柬的方式来体现他们那种前议会的、学院派的议会理想。不过,这个以此等怪异方式推举出来的团体却是依照成熟议会的原则运作起来的。比如,他们也展开论辩,通过决议,制定议会本身的选举规则,而后宣布散会,留下个五十人的委员会,作为临时的德意志政府。与此同时,同盟议会此时已经没有了保护人,于是他们试图通过放弃自身的法定权利来维系这些法定权利。同盟议会邀请各邦国派送一批新的更具自由主义倾向的代表,史称"十七国集团"[1]。这个集团也设计出了一份国民议会规划书。这份规划随后便同知识界的那份前议会规划融合起来,由此,当规划中的国民议会于5月18日召开之时,也就兼具了世人的尊重和合法性。

国民议会成员的选举方式可谓纷繁复杂。在已经拥有宪法的邦国,是依据现存的选举体制来选举的;在没有宪法的邦国,包括普鲁士和奥地利在内,则是经由普选的方式来选举的。不过,这方面的差异倒也不重要。在西德的那些有限立宪体制的邦国里,唯有财富阶层和受教育阶层、律师和公务员,才能够进入候选范围,而在没有宪法的奥地利和普鲁士,情形就更是如此;毕竟,只有这些圈子的人才能依靠自己的知名度拉到选票。结果当然就是令国民议会成为了

---

[ 1 ]　德意志同盟的成员超过三十个(1817年时候是三十九个,1866年的合并行动使得成员数量下降到三十三个),不过,小邦国一般都选择"集群"的方式,于是有效的成员国数量便是十七个。只有问题涉及同盟体制本身的变革问题之时,才要求全部十七个有效成员国参与集会,但这样的事情从来没有发生过。

"贤士"会议,成员都严格地局限于中间阶层的上层,仿佛选民都是法国七月王朝的选举权享有者一般。国民议会当中没有一个工人代表,只有一个来自西里西亚的波兰农民。十五名议员,主要来自邮政和关税系统,代表中间阶层的下层,毕竟,邮政和关税职员是容易被人认识的。剩下的所有议员则都是典型的大学教育的产品:四十九名大学教授、五十七名高中教师、一百五十七名行政官员、六十六名律师、二十名市镇长官、一百一十八名高级公务员、十八名医生、四十三名作家、十六名新教牧师、一名天主教徒和十六名天主教教士。一百一十六名议员并不归属职业阶层,其中几乎没有贵族;不过,即便是在这一百一十六人当中,富有的布尔乔亚阶层也占据绝对的主体地位,其中有少数几个工业家,更多的则是银行家和商人。只有十六名军官侧身其中,这些军官都来自自由主义色彩浓重的西德地区。观念中的德意志于此便获得了一种团体生命。

所有成员都不具备民族政治的经验(也许少数几个同盟议会的成员除外);不过,大多数议员都是各自邦国议会的成员,熟知政治程序方面的技术细节。确实,法兰克福议会所遭遇的痛楚乃是源于太多的经验,而不是经验太少;确切地说,法兰克福议会展现的是太多的算计、太多的预见、太多的精细考量,还有太多的政治家仪态。几乎没有一张票是为了切身的考虑投出的,所有的票决都着眼于遥不可及的后果。议会成员意欲给德意志一部宪法;不过他们也巴望着表明,一个自由主义的德意志政府是有能力捍卫德意志的国内社会秩序和国外利益的。议会的第一项法令就致力于创建一个中央权能,以议会的名义实施统治。但是,真实的权力变迁则完全超出了议会的想象。他们的终极雄心是改宗德意志王侯,使之归附自由主义,而不是推翻这些王侯;因此,议会创设的这种中央权能就只能交付给一个王侯,当然,要选择一个自由主义信念颇为靠得住的王侯。法兰克福议会在奥地利大公约翰身上找到了这种自由主义品质——约翰大公是已故皇帝的兄弟,对自由主义的同情是真诚的。不过,这一选择倒不是出于个人条件方面的考量,主要的考量要点乃在于这样一件事实:1848年6月,革命已经对奥地利造成了比对普鲁士更严重的打击,因此势必会较之普鲁士更容易听从法兰克福的指令。此外,还有更深一层的因素,那就是哈布斯堡王族身上仍然延续着传统的领导权观念(同时,德意志大地上仍然存留着这样一种信念),认为唯有在哈布斯堡王族领导下才能创建一个统一的德意志。1848年6月,没有人提议普鲁士国王为德意志领袖。在那个时候,这样的提议实际上相当于示弱,相当于不接受一个完全统一的德意志。人们认为,普鲁士愿意接受哈布斯堡的领导权;但是所有人又都认为,哈布斯堡王族即便在战败之时,也不会向普鲁士国王低头。

由此,选择约翰大公实际上既表达了浪漫主义右派的心声,也表达了激进左派的心声;此项选择复活了神圣罗马帝国的传统,同时又对一个民主化的大德意志观念形成了确认。1848年6月,德意志民族主义的自信心可以说仍然处于无限膨胀的境地,对于自己能够成就的东西,似乎根本就不存在历史上的限制,也不存在地理上的限制。约翰米到法兰克福,领受了"帝国管理者"这一身份,并任命了全套的帝国官职人员;同盟议会也交付约翰管理。实际上,这样一种中央权能拥有了一个政府的全部品性,唯独力量除外。帝国的外交大

臣并没有得到任何国家的承认,除了革命的匈牙利——这个革命的
匈牙利也没有得到任何国家的承认;国防大臣手中没有一个兵卒,内
部大臣手中也没有任何资源可以保证各邦国会尊奉自己发布的指
令。大部分大臣以及约翰大公的薪水都是从 1840 年战争危机中收
取的同盟防御资金中支取的,这笔钱一直存放在罗斯柴尔德家族的
银行里面。没有任何全国性的税收项目可供开征。中央权力的唯一
资金就是为了创建一支德意志舰队而在全德意志发起的自动认捐活
动中得到的资金;海军大臣手里因此也就有钱可用了,并因此在各部
大臣当中显得非常特殊。德意志海军的全部家当就是廉价购进的两
艘废弃战船,停泊在汉堡港。这就是 1848 年精神最荒谬的表达,然
而也是最彻底的表达;这种精神的实质就是通过说服获取权力。德
意志自由派根本没有能力对切实的工作展开思考,比如对奥地利和
普鲁士的武装力量发起挑战,于是他们通过零敲碎打的资金募集来
购买一支海军,由此来寻求权力斗争的替代品。汉堡港的这两艘废
弃战船就这么孤独地停泊在水面上,而这就是德意志民族中央权力
发出的指令。

　　法兰克福议会的本质就在于这样一种观念:经由说服达成统一。
因此,中央权力必须通过实例来表明自己是适合统治德意志的,而且
也要在列强眼中树立自己的德意志形象。就如同一个接受考验的管
理员一样,中央权力必须制造实例来展示自己的统治能力,并且还要
向各个王侯发布指令,意图借助这样的方式来平息德意志境内的骚
乱。王侯们当然欣欣然地遵从了这些指令。然而,唯有骚乱的威慑
方能令王侯们服从法兰克福,法兰克福却在竭尽所能地结束骚乱;平

乱既已收获成功,法兰克福自由派也就等于锯断了自己赖以栖息的树枝。国民议会的议员们不禁满怀忧虑地等待着王侯们自觉安全的时刻再次降临,于是他们设计出了极富自由主义气息的解决办法:王侯们各自抱有自己的军队(实际上唯有一场真正的革命才能剥夺王侯手中的军队),但是士兵则要宣示效忠德意志立宪体制。自由派此举等于隐含地承认了自己是信不过王侯们的说辞的,而这类说辞恰恰就是法兰克福的地位的唯一保证,然而,他们竟然选择了信从目不识丁的农民的誓言。这样的宪法宣誓手段当然是一场失败。小邦国的士兵们虽然宣了誓,但从未把这誓言当回事;腓特烈·威廉根本就拒绝这样的誓言进入普鲁士军队,由于国民议会本身就是在普鲁士刺刀保护下召开的,所以对此也只能视而不见。法兰克福自由派并不像人们时常认为的那样乃是受着阶层利益的驱动,他们并不是资本家,也不是财产所有者,他们就是一批律师和教授。混乱和革命威胁到了他们信守的原则,同时也威胁到了他们那高蹈的经由同意达成统一的理想。民众力量侵入政治领域不会有什么好果子,这是他们的信念所在;而且,他们还认为武装力量的反动政策乃是自由主义事业的本质性保障。

法兰克福拒绝与民众同行,也未能给出一项社会方案,这些都是德意志自由派的决定性败因。这些因素都成为了恩格斯的小册子《德意志:革命与反革命》中的论题,这本小册子是恩格斯为马克思写的,迄今仍然是对1848年的最佳剖析。不过,还有另一项败因,也许是更具分量的败因,是马克思、恩格斯和大多数德意志激进派在1848年都犯了的一个灾难性错误。国民议会召开之时,奥地利和普鲁士的武装力量正陷入坍塌状态;随着奥地利和普鲁士武装力量的恢复,军队重拾信心,国民议会的威望便黯淡了下来。毫无疑问,两国的武装力量是能够镇压国内骚乱的。但是,军队的主要目标是外战,而且奥地利和普鲁士专制主义也是在外战的洗礼中才得以重生的。决定德意志自由主义命运的并非国内的社会冲突,而是发生在德意志边界——比如波西米亚、波兰以及石勒苏益格-荷尔斯泰因——的冲突。在针对捷克人、波兰人、丹麦人的战争中,德意志自由派毫无犹疑地支持普鲁士和奥地利军队,当军队随后调转枪口朝向自己的时候,不免大吃一惊。自由主义遂成了民族事业的祭品。

在波西米亚同捷克民族主义势力发生的武装冲突完全出乎意料。心地善良的德意志教授们一度认为波西米亚内含了受过教育的德意志少数派,因此应当成为民族主义德意志的一部分;不管怎么说,这些教授并未将德意志农民视为德意志民族共同体的成员,更不用说其他种族的农民了。五十人委员会实际上也向捷克重生的智识先驱帕拉基发出了邀请,借此来扩充自己的阵营;4月11日,帕拉基给出的那份著名回应令德意志自由派大惊失色。在这份回应中,帕拉基宣布自己是捷克人,并将奥地利帝国视为斯拉夫人的保护者,以此对抗沙皇或者德意志的统治。帕拉基的这封回信可以说是现代德意志史上最致命的文件。信中,帕拉基要求德意志人放弃巨大的东欧领地,尽管德意志人长期把持着这片区域的文化和经济霸权,并提请德意志人在创建民族国家之时,仅仅考虑那些德意志人口确实占据多数地位的地区。这项要求遭到了一切持有民族观念的德意志人的嘲笑,无论这民族观念是否强烈。接纳这样一种民族性质的疆界,实际上就等于承认未来的德意志民族国家的疆域甚至比不上当前备受蔑视的德意志同盟的疆界;而能否据有波西米亚,决定了未来的德意志民族国家究竟是一个世界强国还是一个纯粹的欧洲强国。没有波西米亚,德意志同多瑙河谷以及东南欧的联系将会变得非常孱弱,尤其是当时并没有进入铁路时代;况且,波西米亚此时已经成为中欧大地上首当其冲的工业区之一,若考虑到此时的鲁尔和莱茵兰工业区尚未发展出来,波西米亚的地位就更加突出了。不过,德意志的态度也并不是完全由此种利益上的自我考量来决定的。1848 年的德意志民族主义者都接纳了德意志文明之优越性观念之力量的激发,尽管这项观念之于德意志民族主义者的真实程度不下于在法国或者英国人眼中的荒谬程度。德意志民族主义者自认是一桩伟大文化事业的传教者,并据此认为在东欧方面的任何让步都是背叛了文明的价值。眼光最为明晰的激进主义者,尤其是马克思和恩格斯,都正确地认为,工业化和城市的扩张,乃是政治自由的本质性前提,而且,他们也都把工业化等同于德意志影响力。从历史角度看也是如此。在帕拉基的规划中,德意志自由派和激进派所看到的仅仅是一场农民运动,一场试图保存反动的封建秩序的农民运动,帕拉基本人在布拉格召集了斯拉夫议会,在此次议会上他发表演说回应了法兰克福议会——这次演说令德意志自由派和激进派更为清晰地感受到一场农民运动的大潮。

　　捷克人提出的波西米亚领土主张,对德意志民族主义的一切勃勃雄心均构成了威胁。没有了波西米亚,德意志也许仍然会成为一个受人尊重的民族国家,但是这样一个民族国家既不会是新的查理曼帝国,也不会成为激进派理想中的大德意志。斯拉夫议会,当然是试探性的,也谈不上特别的效力。不过它是可以继续推进的,确切地说,它可以针对德意志商人和工匠阶层确立斯拉夫农民的权利,无论这方面的主张何等微弱,但终究是可以令捷克人以此为支点,对德意志的整个东欧霸权发起挑战。法兰克福议会势必要支持"民族"大业,但是法兰克福并没有防御力量。因此,法兰克福议会的一贯做法就是借助一系列的政治手腕来推进自身的事业,并对他人的武器施以祝福。波西米亚地界上唯一的实质性武器就是哈布斯堡王族的军队。维也纳革命令哈布斯堡王族陷入了历时三个月的挫败当中,法兰克福议会本身的存在恰恰归功于哈布斯堡王族的这段挫败期,然而,法兰克福自由派此时却呼吁哈布斯堡王族在布拉格取得一场胜利。他们这次可算是得偿所愿了。帝国共同起初慑于维也纳的那场革命,对捷克人的运动表示欢迎并予以鼓励,不过,这场运动的民主倾向很快便日趋浓重,引起了帝国宫廷的反感。6月12日,一小批捷克激进分子试图在布拉格攫取权力,并且怀有明显的意图,想要宣布波西米亚为共和体制,这给奥地利将军温蒂施格拉茨提供了武力镇压布拉格的机会。可以说,这是反革命潮流在中欧取得的第一次胜利。同样,这也是哈布斯堡军国主义力量的胜利,因此也就等于是向着挫败德意志民族主义迈出了一步。然而,对捷克人的仇恨和恐惧迷住了德意志自由派的双眼,令他们站在哈布斯堡这边,为温蒂施格拉茨取得的这场胜利欢呼雀跃,仿佛那是德意志自由派自己的胜利一样。德意志自由派素来都认可马扎尔人的民族要求。这个民族的历史悠远绵长,拥有颇为繁盛的文化;而且,德意志自由派相信,温蒂施格拉茨的胜利已经在奥地利帝国的非匈牙利省份确立起了德意志特性。德意志和马扎尔民族主义者都认为，此后哈布斯堡领地将仅仅依靠个人性质的关联来维系，并且奥地利帝国的其余组成部分将会融合到马扎尔人主导的匈牙利以及大德意志中，后两者会凭借共同的反斯拉夫政策而联合起来。德意志自由派信心满怀地认定，哈布斯堡权能将为德意志民族主义所"虏获"；此种信心是如此昂扬，以致他们非但没有对在维也纳召集的那次集权性质的奥地利议会表示抗拒姿态，反而对之表示欢迎并提供了协助，而这次议会所表达的乃是哈布斯堡各领地的团结一致。这很可能是因为他们极为错误地相信，此次议会将成为推进民族主义事业和自由派事业的工具。

　　波西米亚发生的这一系列事件最终将德意志人推向哈布斯堡这边。当然，这时候的德意志人可以申述说，如今的哈布斯堡帝国已经创建了一个有着自由主义倾向的议会。然而，发生在普鲁士所属的波兰的一系列事件，不仅令德意志自由派投靠了霍亨索伦王族，甚至还引领德意志自由派支持普鲁士国王以对抗普鲁士议会。波兰人同捷克人的境况截然不同，因为波兰已然是个历史性的民族，此种民族性的存在不但是无可争议的，也是不容忽视的。波兰人的自由乃是激进派信条中的一项本质性元素。极端激进派相信只需要一场革命战争，便足以令波兰人达成自由，而且维也纳条约已经承诺了波森大公国和俄属波兰王国的立宪自由，德意志激进派便思忖着履行对波森大公国的这项承诺，借此激起一场同沙皇的战争。在过去的三十年里，德意志激进派一直对他们所谓的"维也纳体制"没有任何敬意，如今却意图借助此种业余的马基雅维利手法，策动一场以"维也纳体制"之名展开的战争。战争本身,才是激进派政策的动机所在,而非出于对波兰人的爱;而且激进派也做好了打算,一旦俄国战败,他们就重提德意志在波兰的要求。西普鲁士的主体居民波兰人,却被排除在 1815 年的维也纳承诺范围之外,因为拿破仑并没有将西普鲁士同普鲁士王国剥离开来,因此维也纳和约也就没有必要予以恢复。结果,激进派也就无需自找麻烦去应对西普鲁士的波兰人问题。另一方面,波森大公国尽管无可争议地是古老的波兰王国的一个组成部分,不过在这块土地上也存在一个相当可观的德意志少数派。因此,激进派此举实际上是提议在波兰居民为数寥寥的地区确立波兰民族权利。

三月革命之后最初的那段迷乱日子里,端良自由派人士创建的那些软弱的普鲁士政府可以说是在激进派的推搡当中被动前行,因此也就承认了 1815 年承诺的波森大公国的自治权。此时,普鲁士军队已经退缩到营房当中,随之催生了一支波兰人组成的军队。此种局面造成了一场冲突,这场冲突的特性大大出乎激进派谋略家们的预料。沙皇尼古拉一世,自然比 1792 年的那批反革命派聪明一些,他接受了首相尼塞尔罗德的建议,认为只要不加干涉,德意志革命就会自行消亡。于是,他决意反对一切干涉。波森的德意志人拒绝成为这场政治谋略的牺牲品,于是起而反抗波兰当局,并呼吁德意志同胞给予支持。对普鲁士将领们来说,这正好是一次机会。4 月底,驻扎在波森的普鲁士将领抛开了民事政府,并击溃波兰军队,驱逐了波兰官员。波森大公国随之一分为二,较大的那一部分成为德意志人的领地,即便在留给波兰人的小块领地上,德意志人也享有特权。民族平等的元素至此荡然无存。柏林的激进派欲意挑起同沙皇的战争,但归于失败,而波森的波兰人也失去了自己的自由,于是两者一起向法兰克福国民议会提起申诉,要求国民议会履行自己的亲波兰话语,同时采取行动迫使普鲁士政府履行当初的承诺。

对法兰克福自由派来说,这项要求实在令人尴尬。他们本希望以全能形象展示于世人面前,不过他们也很清楚,自己根本没有能力强迫普鲁士政府或者其他邦国的政府。他们本希望捍卫德意志人的权利,但是他们没有胆量以人口统计为基础来做(实际上,这样的统计数据倒也不难证成德意志人的一些要求),因为这种性质的统计数据完全有可能为捷克人的波西米亚主张提供理据。威廉·约尔丹,最受敬重的自由派领导人之一,想办法解决了这个两难困境。他指出,强者的权利是拥有决定权,"健康的民族自利"乃要求波森大公国成为德意志人的天下。这些术语受到了自由派多数的欢迎,也正是凭借这些术语,法兰克福自由派将自己交付给了普鲁士军队,由此也建立起一个必然的逻辑链条,相继将德意志自由主义交托给了俾斯麦和希特勒。强者的权利,是德意志自由派召唤出来的,不过,随后这种权利便调转枪口针对德意志自由派了——"健康的民族自利"当然不难转译成"血与铁"。7月27日,法兰克福议会拒绝了激进派的诉求,并且如同先前祝福波西米亚的奥地利军队那样,祝福了普鲁士军队。

由此便导致了一个怪异的结果。普鲁士议会当天就选举出来了,选举程序同国民议会是一样的,只不过人员构成截然不同。富裕且有名望的候选人都前往法兰克福,贫穷且更为激进的候选人则选择更短的路途前往柏林。普鲁士议会的主宰力量是东普鲁士的激进分子,这些人已经在同邻近的容克们的惨烈斗争中认清了政治现实。这批激进派并不像法兰克福自由派那样关心波兰人的权利问题,不过,他们都热望在容克阶层和沙皇之间强行制造一场决裂,毕竟,沙皇是容克阶层的保护人。9月,普鲁士议会拒绝对波森大公国实施分割,一个月后,要求履行1815年的承诺。这批普鲁士激进派敌视沙皇同时也嫉恨法兰克福,于是便做起了将普鲁士国家改造为波兰-德意志联邦的春秋大梦,这样一个联邦乃是远远脱离了民族主义的德意志的。法兰克福和柏林由此便彻底疏离了。普鲁士议会在本质上对德意志民族主义保持了攻击态势,毕竟,普鲁士议会本身就意味着一个脱离了德意志的普鲁士;就在它拒绝因为波森问题而提起的"健康的民族自利"之时,此种攻击态势也随之加倍。法兰克福自由派一度欢呼普鲁士军队在波森取得的胜利,因此也寄望普鲁士军队在柏林取得另一场胜利,尽管铁一样的事实就摆在眼前:普鲁士军队的挫败一直都是法兰克福议会得以成立的本质性先决条件。

1848年的秋天,还有一系列更为切近的原因决定了法兰克福对于普鲁士军队的依附。1848年的第三项领土争端,也是德意志人感受最为深刻的领土争端,即石勒苏益格和荷尔斯泰因问题。这两个公国长久以来都处在丹麦国王的主权之下。荷尔斯泰因的居民全部是德意志人,而且它本身也是德意志同盟的成员;石勒苏益格的部分居民是德意志人,另一部分则是丹麦人,这个公国并非德意志同盟的成员。法律方面的纠结为争斗和混乱提供了无穷无尽的素材,比如两个公国彼此间的关系问题、同丹麦的关系问题、在欧洲条约结构中的地位问题,以及公国的合法继承问题。不过,本质性的问题是很显然的,那就是:德意志民族统一原则是否能凌驾于条约权利和国际法之上? 这个问题所牵涉的德意志人口规模并不算大,顶多也就是五十万德意志人,但理论上的挑战则是再明显不过了。两个公国的问题乃是传统的个人主权观念的断点,因为无论是丹麦人还是德意志人都无意让两个公国维持往日的状态。1848 年,丹麦也发生了立宪革命,丹麦自由派也同样决心将石勒苏益格融入丹麦立宪国家。一旦丹麦人抛弃此种个人性质的领土联结,那么德意志人在这个问题上的情形就值得说道说道了,而且可说的要比德意志人在波西米亚问题或者波兰问题上多出很多。外国舆论的反应完全出乎德意志自由派的意料。德意志自由派都是有着高度修养的受教育人士,因此,他们极为看重西欧国家自由派的判断。此前,他们一直都能够赢得外来的赞成。各色德意志民族主义者都承认匈牙利的民族主张;外国观察家们对于捷克人在波西米亚的境况一无所知,因此也就一致接受了德意志人编造的反动阴谋论;法兰克福方面虽然敌视波兰人的主张,不过同沙皇在俄属波兰采取的镇压行动比起来,完全是小巫见大巫。不过在石勒苏益格和荷尔斯泰因问题上,外国观察家看到的只是大国对小国的欺凌,于是,英国、法国和意大利的自由派联合起来对德意志发起谴责。德意志自由派不为所动。毕竟,德意志自由派对自身事业的正义性太过自信了。由此,德意志自由派得出结论:存在一场刻意的反德意志阴谋。如果西欧自由派在石勒苏益格—荷尔斯泰因问题上谴责德意志民族主义,那么西欧自由派也难免有同样的罪过,而且更应当受到谴责。事实上,石勒苏益格—荷尔斯泰因问题在德意志民族主义运动和西欧自由派之间打开了最终决裂的第一个缺口,尽管这个缺口不是那么明显,却也是决定性的;这样的决裂当然使得西欧自由派于无形中站在了"维也纳解决方案"一边,这对西欧自由派来说可算是十足的讽刺。

　　早在1848年3月,因为丹麦同两个公国之间的问题就已经爆发过公开冲突。当时尚处于筹备阶段的国民议会启动了一场针对丹麦人的联合战争行动。但是,当这个筹备阶段的议会面临着要动员一个民族主义的德意志之时,其中所涉及的尊严问题极为敏感,而民族主义的种种主张又是如此巨大,使得这个前议会组织根本没有能力展开一场战争,即便只是针对丹麦;而且,这个所谓的民族主义的德意志的唯一力量载体就是普鲁士军队。具有自由主义倾向的普鲁士机构对法兰克福的诉求进行了回应,普鲁士将军们,此时仍然慑服于三月事件,对民事官员的指令保持服从态势。这一年夏初,普鲁士军队向着丹麦人的阵地实施了压制行动。此次行动很轻松,不过普鲁士很快便发现自己不得不面对更为可怕的敌人。无论是英格兰还是俄国都决意维持1815年的解决方案,这意味着要将波罗的海入口置于不存在未来危害的丹麦人手中,唯此方称得上安全。于是,战争的阴云便在欧洲上空升腾而起。满怀热情的南德自由派鼓噪着要求"批准"(所谓的"批准"其实就是德意志同盟联合行动的代名词)丹麦战争,无论代价如何;然而,此中的风险却只能由普鲁士保守的官僚体系来承担。于是,普鲁士便可能直面一场自己不可能从中获益的战争,确切地说,普鲁士很可能会战败;而且,即便赢得了这场战争,好处也将尽归德意志自由派——德意志自由派则会因此而变得强大起来,足以摧毁普鲁士的独立地位。因此,8月底,普鲁士同丹麦达成了停战协定,令德意志民族主义事业自生自灭。

由此,普鲁士便对国民议会的权威和所谓的中央权能形成了公开的抗拒态势。德意志自由派终究无可逃避地要直面力量问题。既然没有力量对丹麦形成强制,德意志自由派便只有两个选择,要么强制普鲁士重拾丹麦战事,要么承认自由派政治哲学所依托的"观念之力量"实际上毫无力量可言。中央权能的官员们此时也意识到,他们的指令对普鲁士军队来说毫无分量可言;然而,国民议会当中却有着一个杂凑起来的多数,脱离了中央权能的领导,并拒绝承认停战协定。这个多数当中包括了理想主义的民族主义者、极端激进派以及热衷于羞辱普鲁士的亲奥地利派。于是,中央权能政府虽然选择了辞职,但是,国民议会却无法组建一个新的、愿意同普鲁士展开一场公开冲突的政府。国民议会不得不选择食言,批准了一周之前他们尚且拒绝了的停战协定,最终一个对两大德意志强权保持公开迎合姿态的政府得以建成。对德意志事业的这一背叛令激进派无法承受——激进派已经对议会中自由派多数的那种审慎和所谓的政治家风范日益失去耐心。许多西部市镇都爆发了激进派的骚乱,最终,9月26日,法兰克福也爆发了激进派骚乱。国民议会没有自身的武装力量,于是不得不诉求普鲁士国王,而仅仅在两周之前,他们刚刚对普鲁士国王提起过郑重谴责。普鲁士军队恢复了秩序,从9月底开始,国民议会和中央权能部门就置于普鲁士刺刀的保护之下了。1848年3月,民族主义的德意志可以说是颇为委屈地容忍了普鲁士国家。10月,普鲁士国家也同样容忍了民族主义的德意志的继续存在。

民族主义德意志将此次暂时的成功归因于两大军事王朝在三月份遭遇的挫败;然而,为了捍卫波西米亚和波森的"民族"事业,又不得不重新确认奥地利和普鲁士的军事权能。1848 年秋天,两个恢复元气的王朝凭借自己的资源展开了斗争;不过从民族主义立场上看,这其中的结果却是背道而驰的。哈布斯堡针对维也纳十月革命的胜利,使得奥地利失去了人心;霍亨索伦针对柏林十一月革命的胜利,却使得普鲁士赢得了德意志的人心。维也纳方面的冲突乃是围绕奥地利帝国之性质问题展开的。此时的奥地利帝国,究竟是像法兰克福、维也纳的德意志人以及马扎尔人认为的那样,是德意志人的国家和马扎尔人的国家之间的一个联盟呢? 还是如同哈布斯堡臣僚、奥地利贵族以及捷克和克罗地亚人认为的那样,乃是一个单一的帝国,其中没有任何一个民族拥有主导或者特权地位呢? 哈布斯堡宫廷此时已经从春天的彻底混乱和绝望中恢复过来,并且已经重建了有效的政府,此外还赢得了一个杰出人物——巴赫。此人在 3 月份之前尚且是一个激进派,如今也归附于这个集权且经历了改革的奥地利帝国。这届内阁拥有奥地利议会多数的支持。这个多数部分地由非德意志人构成,当然也包罗了一批更看重帝国之维系而非民族性的德意志人。此种局面之下,奥地利内阁决心取消在坍塌时期对匈牙利人作出的那些让步,并将匈牙利从一个独立王国转变为帝国的一个省份。此项计划若取得成功,那么对德意志民族主义和匈牙利民族主义同样都是一场挫败;不管怎么说,任何人都不会认为一个民族主义的匈牙利能够融入德意志民族国家,而且整个奥地利帝国也会因此完全疏离德意志。10 月初,维也纳的激进派试图阻止奥地利向匈牙利派遣军队;10 月 6 日,维也纳爆发了革命。

　　维也纳的十月革命乃是一场支持一个独立的匈牙利和一个民族主义的德意志的革命;但是这场革命所支持的这两股力量都没有为这场革命提供援手。匈牙利已经召集并装备了一支军队,但未能投入使用,部分地是因为穿越奥地利边界将会引发一系列宪法上的麻烦,更多地则是因为匈牙利本身并不愿意为这场革命作出牺牲,在匈牙利人看来,这场革命似乎是外国人的事情。德意志民族主义者本身是没有任何力量的,于是便又习惯性地转身诉求那极具灾难性的观念武器,确切地说,此时的德意志民族主义者唯有道义上的同情可供展示。10 月 27 日,奥地利内战仍然在进行当中,法兰克福议会作出决议裁定,凡是德意志领地和非德意志领地由同一统治者主宰的地方,只能凭借个人性质的纽带联结起来。由此,国民议会实际上是提起了一项分割奥地利帝国的规划。但是这项规划刚一提出,便在维也纳的街垒上被打成了碎片,实在是生不逢时。11 月初,奥地利军队荡平了维也纳,由此终结了大德意志的一切念想。愚蠢的斐迪南皇帝也被他那精力充沛的外甥弗朗西斯·约瑟夫取代,在菲利克斯·施瓦岑贝格的主导下建立了新一届内阁,施瓦岑贝格是武力政策的铁腕倡导者,并且也不乏犬儒气息。新政府的第一项行动就是处决罗伯特·布鲁姆,此人是法兰克福议会激进派的成员,参与了维也纳革命;第二项行动就是拒斥法兰克福分割奥地利帝国的决议案。奥地利议会如今已经将德意志激进势力清除出去,暂时地存续下来,兀自忙碌着毫无意义可言的制宪工作,直到第二年的 3 月归于解体。

但是在德意志自由派眼中，此时的奥地利已然回归了 1848 年 11 月的那种专制体制，而此种专制体制乃是明确反德意志的。梦想家们和激进派此时仍然寄望出现奇迹，恢复奥地利的自由主义，并借此令奥地利归附德意志；温和派和现实主义者则放弃了奥地利，并声称将奥地利融入德意志从来都不是民族纲领的一部分。这也算是自我安慰吧。

1848 年秋天，普鲁士军国主义也同样取得了胜利。不过，普鲁士取得胜利的同时并没有造成暴力，也没有同法兰克福发生决裂。在普鲁士，国王和议会之间的斗争并不具备民族性质，而是严格地拘束于宪法范围内。普鲁士议会希望强制普鲁士军队宣誓效忠宪法，而法兰克福方面对这项要求没什么兴趣，毕竟，法兰克福议会先前也干过同样的事情，并且失败了，他们当然不希望柏林的这个议会能取得成功。事实上，许多法兰克福自由派都将此次议会视为竞争对头，一个更为激进的实体，因此都巴望着普鲁士议会遭遇挫败。在奥地利革命中，法兰克福支持了输家，因此，此时的法兰克福更为急切地想在普鲁士事务中站在赢家一边。于是，他们这一回将道义上的支持给予了普鲁士国王（尽管这样的支持毫无意义可言），力图借此给世人造成一种他们在这一场胜利当中也是功不可没的印象。正如法兰克福自由派的一个领袖说的那样："普鲁士王权制服普鲁士议会，这也是国民议会的利益所在；不过，若是普鲁士王权根本没有得到国民议会的协助就取得了胜利，这对国民议会就没任何好处可言啦。"腓特烈·威廉和手下的将军们并不需要这样的协助，尽管法兰克福一直都吵吵着自己确实提供了协助。11 月，腓特烈·威廉任命了一届明确的反动内阁并同普鲁士议会决裂。普鲁士议会先是转移到一个省区的市镇当中,而后便宣布解散了。国王发布令谕,建立一种有限的立宪体制。议会激进派试图加以抵制。他们拒绝离开柏林,并在多个公共场所举行议员集会,呼吁普鲁士居民拒绝纳税,最后,集会场所迁移到了咖啡馆和酒窖里。然而,什么都没有发生,税收体制运转如常,激进派代表们便只能各自回家了。柏林的三月革命并没有实质上的胜绩,因此,11月也就没有发生真正意义上的反革命。普鲁士军队和统治阶层各归原位;当初,是国王的精神错乱而非革命的力量迫使他们离开自己的位置的。

截至1848年底,德意志两大强权都恢复了元气,法兰克福的中央权能也因此完全没有意义了。法兰克福议会的论辩仍然在进行,那里的理想主义者们希望抛弃两大强权并以观念为依托创建一个德意志。这样的想法也随之信誉扫地。现在轮到这批审慎之人,也就是这批教授们,下定决心去展示他们的淑世智慧了,就如同他们经常做的那样,同时也该是来自小邦国的这批政客们如同他们自己希望的那样,去展示自己的实践智慧了。德意志两大强权如今依然复原;因此,德意志应当将自身的命运跟其中一个强权绑缚起来,确切地说,他们此时仍然希望凭借自己那高超的政治手腕,将其中一个强权“绑缚”在德意志事业的战车上。此时,尝试俘获奥地利显然是毫无意义了——奥地利十一月的胜利已然是决定性的,奥地利的反民族主义政策也极为明确。不过,在这样一个时刻,并不是没有可能将普鲁士议会的失败解释为地方主义的失败,也并不是没有可能相信腓特烈·威廉仍然秉持着那浪漫主义的愿景,仍然梦想着将普鲁士融入德意志。由此便催生了一个"小德意志"党派,党派中人都可说是世事练达之人,他们不会再去追求整个德意志大地的统一。大德意志曾是一项信条、一种信念;小德意志则更为切实,是面对现实而进行的调整。任何民族主义原则都不会支持这种只赋予部分德意志人以民族统一的规划;事实上,"小德意志"派的所有成员在骨子里都是大德意志分子,只不过他们都乐于将大德意志纲领的实现时间往后延迟而已。在法兰克福,不曾有谁认为小德意志要比大德意志更好一些。小德意志派认为,就目前情形而论,小德意志方案是可以得到保障的,而且这种保障可以通过和平方式获取,无需革命。理想主义者反对小德意志方案,他们不能接受任何逊色于大德意志方案的纲领;同时,激进派也反对小德意志方案,他们之所以信守大德意志方案,完全是因为他们需要一场革命;天主教徒也反对小德意志方案,因为他们恐惧普鲁士的统治;当然,奥地利的支持者和依附者也都反对小德意志方案。支持小德意志方案的自由派设计了一种温和的王朝立宪体制,拥有有限的选举权,并以普鲁士国王作为皇帝;但是在民主派、教士和亲奥地利力量的联合反对之下,他们无力推进这一方案。为了赢得民主派的支持,除了普鲁士国王担任皇帝这一条款,他们解除了一切自由主义的限制和节制措施,最终达成的是一项举世皆惊的妥协。一方面,法兰克福议会将奥地利排除在德意志方案之外,并将帝国皇冠献给了腓特烈·威廉四世,这就是所谓的小德意志纲领;另一方面,则试图为小德意志创建一个集权化的民主立宪体制,以普选权为基础,这是小德意志方案中唯一能够同大德意志方案兼容的元素。由此可以说,甚至就是在这么一个即将遭遇悲惨失败的时刻,法兰克福议会还是为德意志和普鲁士设定了最终的命运,确切地说,就是普鲁士主宰德意志,唯一的条件便是普鲁士为德意志民族主义事业效力。

1849 年 4 月,法兰克福派遣一名代表前往普鲁士,将帝国皇冠呈现给腓特烈·威廉四世。柏林方面对此次举动是有预期的,国王和自己的反动阁僚就此已经讨论很长时间了。普鲁士臣僚和将军们本来同民族德意志没有任何瓜葛,不过,他们倒是乐于利用这次混乱,浑水摸鱼,攫取土地,这是普鲁士的惯常做法;除此之外,他们也希望借此机会重建同奥地利的保守合作关系。腓特烈·威廉此时也并不能完全抗拒帝国皇帝所展示的浪漫前景,当然,前提是不受民主势力的束缚。倘若是各邦国的王侯们将这顶皇冠献给他,他势必是乐于领受的。顾问官们急切并强烈地催促,他最终也仅仅是对此事给出了负面的表态,确切地说就是他不会"戴上这顶出自草莽的皇冠",除非是王侯们呈现这顶皇冠,否则他不予领受。4 月 3 日,他就是这样回复了法兰克福的代表。法兰克福当然明白这是在拒绝,因为他们此时也很清楚,王侯们是不会主动牺牲各自的主权的。普鲁士不会强制王侯们达成一致,法兰克福则根本没有能力强制王侯们达成一致。自由派的革命至此仓皇收场。

随着柏林任务的失败,法兰克福议会的历史也就走到了尽头。温和派,也就是那些拒绝暴利的人,各自回家,剩下的是激进派少数。在当天晚些时候,革命洪流已然消散于无形的时候,他们尝试实施革命纲领,以激发一场真正意义上的德意志革命。他们宣称,德意志宪法已经得到施行,呼吁德意志各邦国发动激进革命,并定于 7 月 15

日开展德意志议会的选举工作。所谓的选举从来没有发生过。高蹈的修辞不能改变眼前的现实:德意志唯一的力量就是普鲁士军队,这支军队很轻易地就在德累斯顿、巴伐利亚的帕拉丁选侯区以及巴登荡平了激进派骚乱——这些骚乱都是应法兰克福激进派的呼吁而发起的。普鲁士军队先是将法兰克福议会,确切地说是法兰克福议会的激进派残余,驱逐到符腾堡的斯图加特,然后又从斯图加特驱逐出去,令其归于最终的消亡。民族德意志的仅存残余就是约翰大公,此时,他仍然持守着理论上的中央权能,试图借此遏制普鲁士的德意志霸权。12 月,奥地利和普鲁士联合接管了他的封号。德意志革命失败了,自由主义的德意志再也没能迎来新生。

随后发生的事情也是任何挫败之后通常都要发生的。各方都得出结论,认为当初要是听从了自己的建议,就不会失败,大多数人因此对同伴的愚蠢感到绝望。少数几个极端激进分子仍然信守革命事业,寄望于未来会发生更为暴烈的革命。他们相信,要是有下一次,民众必定会加盟;德意志民族统一的大业必须融入社会主义的吸引力。这就是马克思和恩格斯的纲领。他们为这份纲领奉献了自己的余生,直到最后连他们自己都差不多遗忘了这个民族主义起点。他们倡导社会主义,意图借此引发一场革命;只是在很久之后,他们的追随者们才认定,这个顺序应当颠倒过来,倡导革命是为了成就社会主义。此时,激进派中对德意志仍然抱持希望者已然为数寥寥,绝大多数人都移民美国这片自由之地,借此完成自身的革命。此时,德意志的移民潮流已经大规模展开,在 1840 年代早期,每年超过 10 万人移民美国。1848 年,这一规模缩减到 5 万人,依据当时的情形,德意

志最终也许能够成为值得生存之地。1848 年后,移民规模再次飙升,
在 1850 年代以每年 25 万人的规模展开。这些移民都是德意志民族
的精华,他们富有冒险精神而且相当独立——这批人本来是可以令
德意志成为一个自由且文明的国度的。他们为美国做出了无可估量
的贡献,但这同时也是德意志的损失。这批精英选择了永远离开德
意志,并且以此来表达他们的德意志观念。

　　和这批激进派移民一样,大多数自由派也在此次政治历练中变
得不再抱有幻想了。许多人要么是退隐书斋,要么就是在应用科学
领域为德意志效力。一些人从政治领域抽身而去,进入了工业界和
金融界。汉斯曼(Hansemann)就是其中的一个例子,他是 1848 年普
鲁士最具自由派倾向的阁僚,后脱身政治,创立了 Disconto‑Gesell‑
schaft Bank,当时德意志最大的银行之一。仍然坚持仕途的自由派政
客们此时也变得更为温和、务实,对观念之力量的那种信仰如今完全
瓦解了;由此,他们转而相信,自由主义的德意志非得借助手腕和诡
计方能成就。不过,倘若因此认为德意志自由派已经消散,或者认为
1848 年之后自由主义信念在德意志已经无足轻重了,则是错误的。
这些阶层当中,如教授、律师、小邦国的公职人员,自由主义倾向仍然
占据主导地位;在 1890 年乃至 1930 年的大多数时间里,这些人仍然
信守自由主义。在 1848 年,他们曾经是一支严肃且受人尊重的政治
力量;之后,他们便走上式微的轨道,最终不再成为一支政治力量。

　　1848 年革命的真正意义并不在于革命在当时的失败,而在于这
场失败对未来的影响。1850 年之后,德意志工业进入发展期,1871
年之后,一场工业革命到来。经济权力在不到一代人的时间里便转

移到了工业资本家之手。工业资本家群体在政治上都是自由主义的信奉者,这一点是公认的;不过,这种看法不过是对真实的历史进程所作的删节和浓缩而已。工业资本家,如同商人一样,皆是以成败论英雄之人。一个好商人,就是成功的商人;一个坏商人,就是"失败"的商人。当工业资本家介入政治的时候,他们秉持的是同样的标准,即将自己所处时代居于主导地位的党派和观念视为自己的党派和观念。在英格兰和美国,自由主义和独裁权力之间的斗争已经结束:英格兰处死查理一世、摧毁常备军和光荣革命,新大陆则击败了宗主国军队和国王的政府,这一系列的事件最终都确立起伟大的立宪自由原则和法治。英格兰和美国资本家们发现各自国家执掌天下的是文职政客和律师。于是,他们转变成自由派,倡导个人自由并支持立宪政府。在法国,尽管爆发了一场大革命,但是以成败论英雄的标准倒没有那么清晰明确,因此,法国的工业资本家所秉持的标准显得相当混乱,一些人成了共和派,一些人成了波拿巴主义者,还有一些人则腐化堕落,不信守任何原则。然而,在德意志,成败之局面是判然分明的。德意志资本家成为普鲁士军国主义的依附者,并将独裁权力体制视为当然之事和必然之事,就如同英格兰和美国资本家都转变为自由主义者并支持立宪权威一样。盎格鲁-撒克逊资本家要求放任自由,德意志资本家则寻求国家领导权;盎格鲁-撒克逊资本家最终都接纳了民主,德意志资本家则接纳了独裁,无论他们多么地不情愿。可以说,这就是1848年的致命遗产。

附录二

布鲁克斯·亚当斯／社会平衡与政治法庭

　　在任何给定时刻,所有文明当中,强者,同时也就是统治阶级,是最为富有且对立法最具影响力的人。我认为这一点是不言而喻的。弱者的日子会很难过,这跟他们的软弱乃是相对应的。这就是自然秩序。不过,既然强者能够令自然最为方便地散射出自身的能量,同时,整个宇宙又处在永不停息的变化当中;因此便可以得出结论:统治阶级的构成绝不会是恒久不变的,而是不断在发生变化,以便同变动中的环境形成对应。一旦运动变得极为迅速,使得人们无法适应,我们就将这样的情形称为革命。我现在要阐述的就是这样的革命。

　　个体在理智上的适应能力是极为有限的,这可能是这个世界上最为确定之事。统治阶级绝少能意识到自身的败落,历史上大多数重大灾难都是由于在抗拒已然不再可能之时而依旧顽固抗拒变革造成的。因此,既然社会平衡的不断变幻乃是不可避免的,那么革命实际上也就成为一个动力学问题,没落阶级的命运就取决于是否能正确地解决这个问题。

　　比方说,现代英格兰的土地贵族在 16 世纪取代了封建军事贵族,这是因为土地贵族更具经济能力,而且也不那么盲从盲信。在大不列颠,这批取代了中世纪士兵的人,毫不犹豫地掠夺了教士的地产,并且凭借这种品性而极大地繁荣起来。最终,土地贵族通过掌控选区而将自己的运数推上巅峰,这些选区在中世纪便已经获得了拣选议员的权利。土地贵族的这种霸权持续了一段漫长的时间;不过,大约在 1760 年前后,工业革命大潮崛起,带来了另一种心灵形态。托利派因拿破仑战争期间的繁荣而冲昏了头脑,未能意识到英格兰的社会平衡到 1830 年时已经发生转换,他们不再有足够的物质力量来维系自身的议会主导权了。他们认为,他们只需要作出倨傲姿态便可以占取上风。出于这一考虑,他们选择了威灵顿公爵作为他们的支持者。可以说,他们几乎不可能作出比这更糟糕的选择了。正如迪斯累利评论的那样:"王座的决定加速了一场本可以延迟半个世纪的革命,而且即便发生,也绝不至于展现为如此严重的形态。"威灵顿公爵当然是一个伟大的将军,但是公爵却对英格兰缺乏了解。上任之始,公爵便将威廉·哈金森逐出内阁——哈金森不仅是最能干的阁僚,而且很可能也是托利派当中唯一对工业时代有透彻了解的人。之所以驱逐哈金森,是因为他希望将已经腐败得令人无法容忍的东雷特福选区的选票转归利兹或者曼彻斯特。摆脱了哈金森之后,公爵便专横地宣布,他不会对没有选举权的工业巨头作任何让步,也不会对工业巨头们居住的大城市作任何让步。议会随即解散,在接下来的选举中,托利党遭遇失败。也许威灵顿算不上睿智的政治家,不过毕竟是一个能干的军人,知道何时可以动用武力、何时不能。此种局面之下,不妨再次引用迪斯累利的评述:"他宁愿溃逃,也不愿退隐。"公爵劝说自己的朋友缺席上院会期,并允许《改革法案》成为法律。威灵顿公爵的这场实验,使得托利党丢失了自己的选区,而随同选区一起丢失的还有托利党的政治主导权,不过,他们至少还是挽回了自己的性命、家庭和剩余的财产。作为一个阶层,土地贵族虽然已经丧失了相当大的影响力,但还是得以存活到今天;当然,假如他们当初能够用更恰当的方式解决1830年的问题,这些影响力本来是可以得到保留的。总而言之,土地贵族阶层倒也并非对危机境遇完全没有意识。法国大革命就是僵硬机体终究走向毁灭的经典例子，而且尤其值得我们多加关注的是，这场革命以一种可怕的方式凸显出一个历程，正是在这样一个历程当中，一个理智上不知灵变的种族将法庭转变成极为可怕的毁灭机器，而法庭本来是应当在他们衰落的道路上提供保护的。

　　封建体制的精髓就在于等级分化，这一分化乃扎根于各个等级的本性当中，并且以恐惧为基础。教士阶层享有特权，这是因为普通信徒相信他们能够创造奇迹，而且操控着甚至比生死更重要的东西。贵族阶层同样是特权阶层，贵族阶层在战争中是无往而不利的，因此他们能够向非武装阶层随意征收贡税。有那么一段时期，社会趋于集权化，经济也日益向着现代形态定型。在这段时期，身份上的差异仍然维系着，不过与此同时，一度用于维持不平等的无知力量和想象力量则归于衰落，最终将社会平衡推入极度不稳定的状态当中。此外，君主体制之下的法国则经历了相当糟糕的集权化历程，外省和市镇仍然维系着传自古代的复杂行政机构，甚至地方关税体制也一直传承着。像法国这样的君主体制，特权和等级体系渗透到生活的各个阶段，司法机构不管怎么说都必定是社会的喉舌，此种局面之下，司法机构遂演化成为等级的化身。

　　大体上看，君主体制之下的司法职位是可以买卖的。用法律语言来说，司法职位乃是一种可继承的无形不动产，就如同受俸牧师推荐权、英国国教当中的灵魂救治权或者英格兰军队委任状一样，都是可以买卖和继承的。18世纪，这一体制可谓组织精良且范围广泛，并同法国司法机构产生了良好的协作，已经维系了三百年之久，然而，这样的体制显然无法适应工业时代。司法行当集中在为数寥寥的几个家族手中,表现出强烈的继承性,尽管这些家族的成员总体上看都是自重、诚实和富有学识之人,但是他们据有司法职位乃出于自身的权利,而不是出于某种公共信托。英格兰下院议员的情形也差不多,议员们代表拥有提名权的选区进入议会。不过,无论事实上还是理论上,议员们并不代表这些选区的居民,而是代表这些选区的领主。同样,法国的法官从未想过将自己视为国家公民权利的受托人,相反,他们仅仅将自己视为一个经由私人权利而据有身份的那个阶层的成员。从动力学的角度来看,一切此类财产体制和行政体制都禀有一种内在罪恶,正是这样的罪恶,导致了 1760 年之后那种一度造就并捍卫着这类体制的物质力量的瓦解。在英格兰,工业社会逐渐取代农业社会,土地贵族的霸权也随之消散了。同样,在法国,当大部分农民弄明白了教会的诅咒和赐福既不能为害也不能提供帮助的时候,当孩童或者宠臣接纳了军队委任状的时候,当整个国家的干才因为无法证明自己的贵族出身而被排挤出军界的时候,教士和贵族阶层便落入了为人蔑视的境地。在法国,在一代人的时间里已经没有任何贵族能够展现出军事才能;与此同时,当革命开启时,诸如约尔丹(Jourdan)、克莱伯(Kleber)、奈伊(Ney)和奥杰罗(Augereau)这样的人,还有一大批未来的统帅和将军都是被排挤在军队之外的——这批人都在一些琐碎职位上受尽折磨,并且没有晋升希望。到处都是享有特权的外省以及由王权任意操控的外省,内部关税不计其数,还有不胜枚举的市政权利和垄断权,这一切都使得经济学家们不禁作出评估,认为此类人为的限制,基本上将法国四分之一的土地撂荒。杜尔哥在他的谷物贸易法令中阐述说,历任国王已经凭借种种敕令或者没有得到王座授权的内务力量,积累起了一堆"法令,其结果相当于禁止将谷物输入巴黎",而且此种境况还是普遍性的。常常发生的情况是,一个外省身陷饿死境地,与此同时,另一个外省则接近撑死。

此外,在应用科学的推动之下,集权化继续展现出无可遏制的势头,行政成本随同集权化成比例提升。要应对集权化的成本,政府税收就必须是平等的,而社会运动也必须是平顺的,但是此时的法国正处在急速的集权化过程当中。此时,法兰西机制的本质在于,税收不可能是平等的,社会运动则是受到限制的。

18世纪的第三个四分之一时段以路易十五的死亡宣告结束,此时,法国所有有干才的行政官员都承认了上述困境的存在,必须想办法实施救治,否则法国就只能面临破产。最终,革命遏制了破产倾向。但是贵族阶层并不觉得革命有何可怕之处,因为他们相信,自己有能力镇压革命,一千年来,他们一直都是这么做的。

罗伯特·杜尔哥,1727年生于一个受人尊敬的家庭,父亲让他接受了旨在进入教会的教育,但是杜尔哥天生缺乏信仰,他本人更偏爱仕途。于是父亲死后,杜尔哥便在高等法院谋了一个小差事。接着,他便晋升为上请法官,并在这个司法职位上干了七年,之后接任利穆赞省的监察官一职。即便年纪轻轻,杜尔哥还是展现出相当的政治智慧。在索邦神学院的一次演讲中,他对"时机恰当的改革乃是避免革命的唯一办法"这一论点表示了支持。由于在监察官位置上表现杰出,路易十五死后,新王路易十六便立刻把杜尔哥召入国务议事会;1774年8月,杜尔哥任法国财长。履职之时,他志在改革,截至

1776 年 1 月,他已经将改革规划酝酿成熟。当月,他将著名的《六法令》呈交国王,其中的第一份法令,也就是那份最有名的国务文件——人们常说的《取消强制劳役法令》。强制劳役制度将养路成本转嫁到农民阶层头上,具体做法就是实施强制劳役。确实,这一制度可以说是当时一切恶劣税赋当中最遭人痛恨的,同时也是最为沉重和最为浪费的。杜尔哥效仿罗马帝国的先例,提议实施一种普遍的道路收费制度,以此取代强制劳役体制。费率本身算不上高,而且对特权阶层的损害也不会特别大;问题的关键是杜尔哥借此而阐发的平等原则:"政府的开销乃以所有人的利益为目标,所有人都应当缴纳税赋;享受越多,贡献就应当越多。"

这还不是杜尔哥论证当中最具有平等倾向的。他指出,起初贵族阶层享有免税特权,是因为贵族需要无偿履行军事义务,如今,军事义务已经很长时间不再履行了,而且贵族头衔还可以用金钱购买,只要愿意,任何有钱人都可以成为贵族,此种局面之下,所谓的免税特权实际上就演变成了富人和穷人之间的一道鸿沟。杜尔哥的这场攻击,使得特权阶层感受到致命伤害,于是巴黎高等法院作为特权的营垒,担当起辩护者的角色。杜尔哥的法令若要生效,就必须在巴黎高等法院进行登记,如此才能成为法国的法律。高等法院拒绝予以登记,理由是,这些法令违反宪制,对王朝和秩序原则均构成颠覆性威胁。法院方面给出了长篇表述,不过只需要引述一个段落便足以揭示其意图:"正义的第一原则就是捍卫每个人拥有的东西。这一原则不仅仅涉及财产权,而且包括了属于一个人的一切东西,不管是出于出身还是出于地位……由此种法律和公平原则出发,不难得出如下结论:任何体制,倘若以人性和仁慈为名,意图在人们中间建立责任平等,并摧毁必要的等级区分,将迅速导向混乱(这是平等必然会造成的结果),并颠覆市民社会。"

此种司法观念乃是对古老的等级制法律的阐发,同现代的法律平等原则呈现出当然的对立势头。大革命的震荡恰恰生发于法国贵族的无能,他们没有能力理解一度使得等级体制成为必要之物的境遇已经向新的境遇让位了,而新的境遇将使得等级体制失去可能性。杜尔哥及其同时代的工业人物,比如英格兰以亚当·斯密乃至小皮特为代表的这类人物,一直在竭尽所能地解释说:除非税收平等化并促使社会运动加速,否则社会将难逃破产命运,而破产必将引发暴烈的重新调整。然而,杜尔哥等人的这种努力皆归于徒劳。贵族和教士阶层将眼光紧紧盯在后果上面,于是他们甘愿承受暴乱风险,因为他们不相信他们没有能力镇压暴乱。在这场巨大的震荡中,最令人印象深刻之事莫过于特权阶层在随后的一系列事件中表现出的理智混沌,就是这种混沌使得他们随着抵抗力量的提升而相应地采取强化了的镇压举措,最终,那些注定要取代他们的人对法庭实施了重组,从而据有了一件利器,可以对整个人类实施屠杀,即便妇女和孩童也难幸免。除非是如此剧烈的手段,否则不足以软化贵族心灵的僵硬。这些现象是值得花上一些时间进行研究的。

杜尔哥倒台之后不到十年,正如他预言的那样,法院的贪婪加速了破产的到来。这时,法院最需要的恰恰就是慎重。比如,未来的路易十八,也就是当时的普罗旺斯伯爵,就在一项政府贷款当中侵吞了四分之一的额度,而且他还满是欢笑地提醒人们注意,"其他人只是伸手而已,我伸出的是帽子"。1787 年,财政缺口已经变得非常紧迫了,国王没有胆量对整个民族提出诉求,于是便召集了"名士"会议,实际上就是特权阶层的集会。时任财长的卡隆提出的举措在相当程度上都是杜尔哥式的,"名士"会议接纳了其中的一些举措,但是巴黎高等法院再次实施介入,拒绝登记这些法令。外省法院追随了巴黎高等法院的范例。这之后,国王别无选择,只得召集等级会议。1789 年 5 月 4 日,等级会议召开,一个已经失去了社会重力核心的行政体制随即坍塌,司法机构则随之一同塌陷。

一开始,三个等级单独集会。若此种方式继续下去,教士议会和贵族会议势必会否决平民会议议决的一切举措。于是,6 月 10 日,西耶士神父声称,"是时候斩断缆绳了"。于是平民会议向教士会议和贵族议会发出召唤,一些教士予以响应。依据西耶士的动议,平民会议自称国民议会,于是,等级会议便实施了融合。特权等级立刻承认了自己的挫败,并通过他们的代言人,也就是国王,发布命令解散国民议会。平民阶层拒绝解散,于是贵族阶层便为一场政变做好了准备:政府出资,召请外国军团驻扎巴黎周围,巴士底狱则由瑞士雇佣兵驻守,一度被认为是不可攻克的。作为回应,1789 年 7 月 14 日,巴黎市民对巴士底狱发起攻击。压力已然将不稳定的社会平衡转化为一场革命。不过,假如特权阶层此刻能够在前提和结论之间进行正确的推理,尽管社会重力中心已经开始涣散,也仍然能够实施相当程度的重新调整。拉法耶特和米拉波等人仍然控制着国民议会,如果国王和贵族阶层能够作出让步,君主体制很可能得到救赎,随后的大屠杀也就完全有可能避免。然而,正如一个没落阶级通常都会做的那样,贵族阶层选择了下下之策。最终,贵族阶层隐约意识到法国不存在足以镇压这场革命的武力,于是部分贵族在阿图瓦伯爵(也就是后来的查理十世)的带领下,逃亡德意志,寻求外国救援,更为大胆一些的贵族则选择留下,酝酿着对叛乱实施攻击。1789年10月1日,凡尔赛举行了一场军事盛宴。国王、王后和皇太子都到场了,可以说是一场皇家检阅仪式。号兵吹响冲锋号,军官们拔剑在手,宫廷侍女们纷纷将士兵制服上的三色旗撕掉,用白色徽章取而代之。10月5日,大批民众从巴黎倾泻而出,向凡尔赛进发。第二天,这批民众闯入皇宫,杀死守卫,将国王和王后虏往杜伊勒里宫。然而,路易的理智极为有限,使得他无法信任那些为他作良谋之人。1790年7月14日,国王当着五十万观众的面,发誓信守新宪法。当年夏天,国王图谋逃往默兹;一支军队正在那里集结,由布瓦洛伯爵率领。布瓦洛本人在南锡起事之后,一直都在忙于整肃军纪,他对一支来自沙托维的瑞士雇佣军实施了惩罚以示警戒,这支雇佣军在1789年7月14日曾拒绝向巴黎开进。1790年,路易致信包括西班牙国王在内的各国君主,请他们不要在意他对革命所作的让步,那不过是压迫之下的屈从之举。即便米拉波这样的人付出卓越的努力试图拯救这些注定要自我灭亡的人,也无济于事。米拉波主动靠近国王并为其效劳,宫廷方面则将米拉波讥讽为骗子。王后写道:"可以用他,不过别把他当回事。"当米拉波意识到自己的困境时,在愤怒和蔑视之余,也难免一阵情感爆发:"这些人都在想什么啊?难道他们就没有看到深渊已经在他们脚下张开大口了吗?国王和王后都将死去,你们这些人会活着看到暴民撕碎他们的尸体。"

国王和王后、贵族和教士，都未能看到米拉波已经看到的那个深渊，就如同法学家们也未曾看到一样，这都是由他们心灵的癖性所致。在这些特权阶层眼中，欧洲之分野主要不在于作为民众忠诚对象的民族，而在于由上而下的秩序。任何人，倘若违背这一秩序，就等于犯下无可饶恕的罪过。甚至死亡都比这要好。在真正的贵族看来，农奴竟然能够在战场上打败贵族，这实在是不可思议之事。战场将成为终极考验，整个欧洲的贵族阶层肯定会对困顿中的法国贵族阶层施以援手，法国人对此心知肚明。

1790 年冬天，法国流亡者们聚集在德意志边境的科布伦茨，他们相信，自己组织一支军队入侵自己的国家，乃是爱国之举，即便他们的进攻会对他们的亲人和国王带来致命影响。此时的路易也并不怀疑自己的两面手法乃是在履行他作为神圣使命受托人的职责，一方面他可以在一个月前的民众集会上宣誓捍卫宪法，另一方面在接下来的一个月，他马上授权自己的兄弟阿图瓦伯爵在欧洲各君主当中组织一个最强的联盟，借此集结一支军队来伸张自己的神圣特权。1791 年 6 月 21 日，路易携带家眷试图逃往布瓦洛的军中，他的意图是要摧毁他心目中所有这些叛国者，从米拉波和拉法耶特一直到农民阶层，都不例外。这场逃跑计划得相当糟糕，路易遂在瓦伦尼斯遭到逮捕，并被带回巴黎。然而，他依然谎言不断，阴谋不断。

从三级会议召开到逃亡瓦伦尼斯，时隔两年，在这段时间里，自然一直都在忙着选择新的宠儿。经济学家们作出了估算，认为教会在中世纪时期拥有欧洲三分之一的土地。无论这一估量是否正确，教会在法国必定是据有相当份额的土地。1790 年 4 月 16 日，国民议会宣布教会地产转入国家地产,接着便通过指券将这些没收的地产卖给农民阶层,发行指券就是为着这个目的,而且指券本身也是以没收来的教会地产为担保的。教会地产的售卖,一般都是以小块进行的,就如同罗马人依据利西尼亚法(Licinian Laws)出售公地一样,两者的效果也是一样的。德意志皇帝和普鲁士国王于 1791 年 8 月在佩尔尼茨(Pilnitz)碰头,商讨讨伐法国事宜。在这次碰头会前夜,国民议会收到了一份报告,报告指出,价值十亿法郎的地产已经出售完毕,而且地产售卖活动还在继续进行。正是从得到解放的农民阶层当中,法国征召了为之作战的士兵,并在接下来的二十五年当中连战连捷。

不妨假设因教会地产的出售而诞生的这批小块土地持有人,无论是乡村地区还是城镇地区,截至 1791 年秋天一直都成长顺利,那么也可以说,危机很快就要到来了,因为一度创造出这股新能量的地产充公行为已发展到了疯狂的地步,并且很可能已经转化为反对这股新能量的最可怕能量。教会不仅失去了地产,而且内心深处也遭受着创伤。依据 1790 年 6 月 12 日的一项法令,国民议会将法国教士的效忠对象从教皇转移到了国家身上,为此,各处的教士阶层都发誓要复仇。确实,1791 年 5 月,罗耶里伯爵特地从位于布列塔尼的家中赶往德意志,意图获得德意志王公们对他在旺底策动的那场叛乱的认可。但是,这场叛乱若真的发生了,他和他的同伴倒也谈不上多大功劳,相反,这功劳主要应当归于一批未曾宣示效忠国家的教士在西部农妇阶层当中的影响力。

1791 年的那个夏天,论及科布伦茨的法国流亡者们的精神状况,实在称得上是一种心理奇迹。他们将大革命视为一场玩笑,将莱茵河大溃逃不过视为一场恐慌。这些四处乞讨的贵族们,男男女女,白天在四处游荡的本地人中间肆意挥霍,晚上则自己聚在一起豪赌不已。即便他们曾思虑将来,也只不过如同庞培军中贵族所思虑的那样:他们没有时间准备一场同恺撒的战争,因为他们的时间将全部消耗在消遣娱乐当中,或者消耗在发明各种刑罚以折磨反叛者中。他们主要担心的是抵抗力量过于软弱,从而无法满足他们的嗜血欲望。这批特权等级的造物、这批流亡者们无力设想人乃是会变化的生物,也无力设想一个新的战士种族正在他们眼前诞生。对他们来说,人性乃是恒定不变的,而且他们相信,这是上帝的不变意志。

　　情形便由此展现出来,随着革命的现身,这一古代种群的巨大联合几乎也是半自动地成形了,他们发誓要包围并绞杀崛起中的新人,然而,这个巨大的联合到 1793 年才发展成熟,这已经是路易被送上断头台之后的事情了。列奥波德二世,当时的德意志皇帝,到此时为止一直在佩尔尼茨和巴黎发挥着主要的控制功能,主要是通过同自己的妹妹玛丽·安托瓦内特的通信来实施;但是,1792 年 3 月 1 日,列奥波德驾崩,弗朗西斯二世继任皇位,这是一个狂热的反动分子,也是教会的忠仆。此时,德意志境内的特权阶层已经联合起来,普鲁士和奥地利也已经做好了备战工作。罗耶里已返回布列塔尼,静待这些外国君主的第一场决定性胜利在大革命后背插上一刀。英格兰方面的情形也臻于成熟,贵族的种姓本能在乔治三世身上道成肉身,并在埃德蒙·柏克身上寻求表达。1790 年, 柏克发表了"反思录",1791 年 5 月 6 日, 在下院的一场激烈论战中, 柏克宣布断绝同福克斯的友谊,并将福克斯视为秩序和上帝的叛徒。类似柏克等人,已经直觉到,崛起的文明同旧日的文明之间是不可能有和平的,双方必定无以共存;但是他们当中绝少有人想到,获得解放的法国农民和小资产阶级竟然能够承受敌人的一切打击,尽管在柏克这批人的眼中,大革命的敌人乃是这个世界上智慧、神圣和战斗精神的承载者。

确实,贵族的这种倨傲也不能说完全没有根据,毕竟从1791年8月佩尔尼茨聚会到1793年7月公安委员会重组这段时期,大革命沉沦到软弱的低谷当中。一直到1792年8月,行政权威都在国王之身,但是,路易的宫廷乃是大革命敌对力量的核心,即便已经沦为准囚犯,国王的力量依然是不可小觑的。君主体制对于米拉波和拉法耶特这样的开明贵族仍然有着强大的掌控力,即便迪穆里埃这样的冒险家和丹东这样一直避免过分残忍的举措的律师,也同样有着强大的掌控力。假如纯粹的保皇派拥有足够的理智灵活性,信守拥有合理基础的妥协,那么即便到了1792年,这场大革命也完全有可能是和善的。1792年6月,拉法耶特统帅一支北方军队前往巴黎,他不仅敢于在国民议会发表演说阐述议会自身的职责问题,而且还提出要将路易随军带走,他本人也将保护路易免遭雅各宾派攻击。宫廷嘲笑拉法耶特是堂吉诃德,并将他的计划泄露给了敌人。"我宁愿一死,"王后说,"也不愿让拉法耶特先生及其立宪派朋友拯救我。"这话只不过表达了她所属的这个种姓阶层的职责观念。卡扎莱向国民议会提出抗议:"国王虽死,我们仍然要拯救国家。"女大公克里斯蒂娜致信自己的姐姐玛丽·安托瓦内特说:"如果我们获胜,即便他死了,又能怎样呢?"孔代亲王于1790年12月发誓,他将向里昂进军,

"竭尽一切拯救国王"。

此时的法国充斥着古老的想法,正是这样的想法瓦解了正在浮现出来的社会,最终使之丧失团结能力。对于莱茵河畔的法国流亡者来说,这样的社会就如同一个邪恶的幽灵,必须以驱邪之法让其消亡。他们诉求的驱邪之法就是威胁要复仇,若是放在从前,这样的威胁是能够产生震慑效果的,因为背后有足够的力量支持他们。折磨一直都是古老法律的组成部分。农民若不屈服,就对之进行复仇。单纯的死亡远不足以激发对贵族种姓的尊重。通常,贵族还会借助一些可怕的场面来放大权威。布瓦洛将活人绑缚在车轮之上,令其身体的每一个骨头都归于碎裂,以此来惩罚不服从命令的士兵;因为不小心用刀刮到了路易十五,达里恩在经历了莫可名状的痛楚之后,在巴黎被五马分尸,并以此示众。法国流亡者们相信,他们只需要用类似的刑罚对克勒曼和霍克这样的人进行威慑,便会不战而胜。因此,贵族们主要操心的不是谋划一场杰出的战事,而是去阐发君主体制的根本原则,并以可怕的报应来谴责反叛者们。

截至 1792 年 7 月中,普鲁士军队已经做好了攻击准备,皇帝、君王和将军们也开始酝酿各种宣言。路易派遣一个名叫马莱特·杜·潘的记者前往布伦瑞克公爵那里提供协助,公爵时任军队司令官。1792 年的 7 月 24 日和 8 月 4 日,普鲁士国王确认了种姓律法,语气同二十年前的巴黎高等法院如出一辙。7 月 25 日,布伦瑞克公爵宣示了被征服者将遭遇灭亡的命运。普鲁士国王说:"我此来,乃是为了阻止法国、欧洲以及全人类将要面临的无可救治的罪恶,那就是反抗精神的扩散,为此,我将在稳固的基础上确立君主权能。"在后续的宣言中,普鲁士国王继续阐发说:"法国的最高权威绝不可中断,也绝不可分割,因此,国王无论是被迫还是主动,都不能失去任何的王座特权,不管怎么说,国王必须将最高权威连同王冠一并传递给继承者们。"

布伦瑞克公爵的宣言当中提出了一些条件,很明显是马莱特·杜·潘和保皇分子利蒙的捉刀之作。

如果杜伊勒里宫遭到挟制,如果动了国王的一根头发,如果不将他们立刻释放,那么普鲁士国王和德意志皇帝将对"那些罪有应得之人实施最具标志性的且令人难忘的报复性惩罚"。

7月28日,这些宣言传递到巴黎,臭名昭著的非尔森(Fersen)立刻致信王后,"宣言到手,您应该满意了"。

宫廷确实相信,在侮辱并揭露拉法耶特以及所有那些原本可以稳定社会平衡的保守观念之后,他们可以信靠军团的忠诚了,因为这些军团的人员恰恰正是流亡者及其盟友普鲁士人刚刚对之以痛苦死刑相威慑的人,如同布瓦洛的士兵所经历过的那种死刑。此外,贵族们还以毁灭他们的家园作为威胁。

接下来发生的事情大家也都知道了。拉法耶特造访杜伊勒里宫之后,保皇派便集结起一支卫队驻守着杜伊勒里宫,他们预期会同革命派来上一次力量较量。他们将一支一千五百人的瑞士雇佣军也带到那里,宫殿里面塞满了保皇分子,原本负责指挥国民卫队的曼达特(Mandat)也已经被争取过来,各个路口都用大炮进行了封锁。宫廷此时充满信心。8月9日夜,曼达特遭到谋杀,反叛者的一个委员会占领了市政厅,8月10日早上,当路易十六前来检阅部队的时候,他们高喊"民族万岁"并放弃了守卫任务。攻击接着便开始了,瑞士军团遭到大量屠杀,国民议会被弃之一边,整个王族遭到逮捕并遣送到坦普(Temple)。君主体制就此终结了。至此,可以说一种病态的非理性反对力量,已然将这个天性保守的民族的社会平衡置于离散状态了。而且,他们注定了要推动事态继续发展下去。

恰在这个关键时刻,普鲁士军队开始进攻;此时的法国并没有稳定的政府,维持秩序的手段也非常不完善。革命者所能征集的全部战斗人员都送到了前线,在这个世界上最令人生畏的军团和巴黎之间,只有一大批士气低落的平民军队挡在中间,由迪穆里埃和科勒尔曼统帅。流亡者和德意志人认为这次入侵不过是一次军事检阅而已。在法国国内,政府中的背叛行径更是肆意施展,甚嚣尘上。8月份有相当一段时间,巴黎的街道蜂拥着保皇分子,对革命大肆诅咒,教士们表现得比保皇派更为恶毒。路易被囚禁在坦普期间,他居所的窗台下常常传来"国王万岁"的呼喊之声,监狱里的贵族纷纷开怀畅饮,并且同普鲁士人通信。最终,时任政府部长的罗兰完全丧失了勇气,以致主张将军队撤到卢瓦尔河以北地区。然而,丹东听不得任何撤退的话,他高喊道:"勇敢,更勇敢,永远勇敢!"

国民议会并没有参与指挥1792年8月10日攻击杜伊勒里宫的行动。此时的国民议会充斥着保守派,谈不上什么精力。这场运动乃是一批激进分子的作品,他们以丹东的科德利埃俱乐部(Club of the Cordeliers)为核心。在这批人的推动下,巴黎各个派系选任了一批委员,并占据市政厅,驱逐了忠君的议事会。这一系列举动之后,丹东遂成为当时的司法部长,当时法国的头号人物。丹东是个准保守派,由他掌控权力实际上为避免恐怖统治保留了最后一丝希望。他对保皇派给予信任,但是保皇派背叛了他。丹东倒台后,罗伯斯庇尔和政治刑事法庭接管了权力。与此同时,1792 年 9 月 20 日,普鲁士军团在科勒尼曼那支由"流民、鞋匠和裁缝"组成的暴民军队的炮火面前选择了撤退,最终撤出了瓦尔密的阵地。随着瓦尔密炮战的胜利,这场伟大的十八世纪欧洲社会平衡的再调整进程也进入到第二个阶段。

以哲学眼光观之,文明给出的最具诱惑力但是也最具欺骗性的现象就是我们刚才考察的那些现象。一种心灵类型沿着通往霸权的曲线轨迹将自身的感知能力发展到最高阶段之后,为什么会在越过曲线的顶点之时,竟然会不堪自满所造成的重负,在错误计算了衰落速度之后,最终归于一场毁灭呢?

这种现象展现出相当强的规律性,在所有现代国家的发展过程中,几乎是定期出现。尽管如此,这方面最富有启示性的例子,在我看来,仍然是贵族阶层在法国大革命期间展示出的智识局限,正是这样的局限催生了那些随同罗伯斯庇尔一起臻于顶峰的政治刑事法庭。

如今,时间已经同那场大革命拉开了一个世纪的距离,我们不妨冷静下来考量一番。为镇压法律面前人人平等的原则,保皇派联合起来,并最终在 1792 年完成了联合进程。这个联盟并不特别缺乏军事智慧,他们真正缺乏的是对现代心灵的任何真正理解。保皇派希望重建特权,为此,他们甚至不惜伤害国王和王后,不惜伤害一切待在国内意图捍卫他们的贵族。确实,一般而言,他们并非不珍视路易十六,但是在他们看来,当时的路易十六若活着,价值将会十分低廉,若是死去,则价值就会高出很多。他们低声议论着,"那帮暴民若是杀了国王该有多好,那样的话,将会在整个欧洲激起怎样的声浪啊"。

玛丽·安托瓦内特倒是十分清醒。1791 年,德意志王公们在佩尔尼茨发布了有关法国的宣言,这份宣言十分温和,因而无法满足流亡者们的胃口,于是他们为这份宣言加上了自己的注解。这份注解展现出十足的倨傲,当王后看到后面有她妹夫的签名之时,不禁一声叹息,评论说:"该隐。"

保皇派的计划是:他们估算大革命的力量非常微弱,既如此,他们在 1792 年的夏天就有能力依靠自身的力量保卫杜伊勒里宫,拒各方之敌,对此他们充满信心;即便杜伊勒里宫守不住了,国王和王后遭到屠杀,他们也相信自己的地位会因此得到提升,欧洲各国的君主盟友们会因此遭受强烈刺激。所以他们决定,无论朋友们遭遇怎样的命运,入侵大军都会越过边界进入洛林,而后取道希尔克和罗德马克,最终占领查隆斯——他们自信能够进占查隆斯,而且自信没有人能阻挡他们。一旦进占查隆斯,就等于向旺底和布列塔尼释放出起事的信号,后者将从后方对巴黎形成压制,最终使得巴黎守无可守。在查隆斯,盟军可以获得一个距离巴黎只有 90 英里的位置,如此,则只剩下复仇了——罪行越大,复仇就越彻底。

事态的进展一直跟随着他们的预期,直到瓦尔密。1792 年 8 月 11 日,德意志军队向前推进,抵达罗德马克,8 月 19 日,普鲁士主力越过了莱达因边界。1792 年 8 月 20 日,隆维遭到攻击,抵抗三天后投降。在阿图瓦伯爵的军营中,拉斯卡萨斯写道:"一派胜利气息,人人欢呼雀跃,终于踏上国土,四周终于再次环绕着众多卑躬屈膝的附庸。"最后,他们得以从驻扎在圣雷米和叙伊佩的营地中看到远处查隆斯的塔尖了。

查隆斯此时陷入了严重的恐慌,致使当局发布命令,切断马恩河上的桥梁。直到9月2日,巴黎方面才理解了全部的危险。确实,政府在几周之前就已经意识到西部局势不稳,罗耶里很可能在保皇派和未宣誓的教士当中进行密谋串通,但是巴黎方面并未真正了解危险已经近在眼前。可能最迟是在9月3日,丹东从密探那里了解到了阴谋细节,正是在此时,在其他人已经吓破胆的时候,丹东激励巴黎重拾胆略。这也正是丹东的巅峰期。

事后回顾起来,德意志军队的弱点并不在于实力,而在于心理。在瓦尔密,双方的参战人数并不对等。法军方面大部分都是临时拼凑起来的步兵团,而且都是生手,受过训练的军官也为数寥寥;德意志军团则是腓特烈大帝一手调教出来的,其冲锋在七年战争时期展现出无人能敌的力度,赫赫威名响彻欧洲。然而,就是此等强大的军团最终却在一片混乱当中败退而归,没有对法军阵地带来任何的重大考验,很显然,军官们也不敢召唤他们再次发动进攻。法国贵族们徒劳地恳求普鲁士国王协助他们,即便他们独力攻击科勒尔曼的队列。在布伦瑞克公爵的建议下,普鲁士国王决定撤退。可以说,公爵本人根本无心恋战,就像查尔斯·福克斯、皮特和他自己的军队一样。然而,公爵的力量也确实强大,迫使迪穆里埃在取胜之后也收紧队形,不作追击,并给入侵者让出一条自由通道——迪穆里埃害怕德意志军队在刺激之下调转头来,杀出一条血路直奔马恩河。

对流亡者来说,这场撤退是可怕的。这是一场灾难,法国贵族的力量从此归于涣散,再也没能复原。旺底的叛乱也因为查隆斯之败而立刻坍塌,完全暴露在对手面前:一些人选择回家,宁愿要断头台也不愿忍受饥饿;另一些人则伪装成一副农民打扮,试图抵达身在旺底的罗耶里那儿——一些人因旅途艰苦而死亡,一些人则自杀,最终,大队人马还是抵达了列日,并在那里等待来自维也纳的救援,就像祈求者一样。然而,这些不幸的人,以如此轻快的态势介入一场战争,却根本无力理解这场战争的意义何在,此时,他们失去的恐怕不仅仅是土地和城堡了。许多人在历史上那场最可怕的大屠杀当中都失去了妻儿,而应当为这场大屠杀承担责任的正是他们自己,毕竟,正是他们自身的智识缺陷,导致了这种必然且合乎逻辑的结果。

8月10日的事件之后,丹东及其党派成为新生共和国的主人。此时,巴黎处身两种威胁当中,至于哪种危险更大,却没有人能够衡量。如果查隆斯失陷,旺底事起,西部的共和派将遭到屠杀。五个月后,旺底确实起事了,马彻柯尔的爱国者们在一阵无名的暴行当中遭到屠杀;这主要是出于教士们的怂恿。1793年3月,一支十万人的农民军队集结起来。

显然,西部不能没有军队驻守,但是要守住查隆斯,就必须将一切能够战斗的人急速派送给科勒尔曼。这项巨大的任务落在了一群年轻且缺乏经验的冒险家手中,这批人塑造了一种行政体制,但是这一体制甚至配不上组织这一令名。

有很长一段时间,马拉以及盟友丹东都坚持认为,欲阻前敌必须首先廓清巴黎,因为此时的巴黎到处都是疯狂叫嚣着复仇的保皇派分子,而且人人都知道这些人正在寻求武装。不过,丹东无意进行灭绝式的屠杀。他设置了住家查访制度,最后却将大部分嫌疑人释放,大约只逮捕了三千人并没收了一批火枪。真正的危机是在9月2日接获凡尔登之围的消息之后才到来,此时,已经没有人会怀疑一张大网正在向着巴黎收缩。凡尔登距离查隆斯只需三到四天的行军路程,一旦布伦瑞克公爵越过马恩河,布列塔尼也随之起事,那么政府将不得不选择逃跑。如同罗兰所申述的那样,若如此,则保皇派必定突入监狱大门,随之而来的将是另一场圣巴托罗缪大屠杀。

1792年9月2日下午快四点的时候,阿巴耶监狱遭到攻击,大屠杀开始了。这场屠杀一直持续到9月6日,跟随马拉派出的传单,屠杀扩散到了里昂、兰斯以及其他一些城市。仅巴黎一地就有大约一千六百名犯人遭到屠杀。没有任何人能够为这场屠杀提供辩护。即便马拉称之为"灾难",也没有任何进行干预;丹东、罗兰、国民议会、国民卫队以及巴黎市政当局也都没有任何动作,尽管这只是两三百名暴徒所为。假如社会有此意愿的话,只需要一小支果敢的力量就可以将其驱散。罗伯斯庇尔的末日差不多是自动到来的。尽管他是专制的"公安委员会"的首领,名义上也是法国最具权势的人,但最终也如同罪大恶极且遭人蔑视的罪犯一样,被对头送上断头台——这些对头们甚至没有能力指挥一小支军队。由此不难作出推论,九月大屠杀,尽管一直以来都是大革命的最大污名所在,但实际上,却要归罪于保皇派——没有保皇派,共和派便不会面对自保问题。毕竟,这并非一场普通的战争。在保皇派眼中,这是一场奴隶造反,应当效仿中世纪对待奴隶造反那样对待大革命。保皇派极尽一切庄严姿态,一而再再而三地宣称,假如他们作为征服者回归,将会让巴黎寸土不留,所有居民都将在烤架和车轮上悉数剪灭,然后同他们的家园一同化为灰烬。

　　丹东身上有许多明显弱点,不过他却是一个好律师。他觉察出,尽管他无力阻止九月大屠杀,尽管当时的紧张局面使得大屠杀难以避免,但是任何法庭,即便是政治法庭,也要比马拉的暴民更好一些。几个月之后,丹东向国民议会解释了自己的立场,此时,国民议会正在考虑设立一个法庭并最终将丹东本人送上断头台:"最困难的事情莫过于定义政治罪。不过,倘若一个普通公民因为普通罪行而立刻受到惩罚,如果达成政治罪行的定义竟是如此艰难,难道就没有必要借助非常法律……来威慑叛乱者并让罪人伏法吗？公共安全所要求者乃是猛药和恐怖举措,普通法庭和革命法庭之间没有妥协可言。历史印证了这项真理。既然你们敢于在国民议会之上提及令所有好公民为之哀叹的那段血腥日子,那么我敢说,假如当时就存在这么一个革命法庭,一直以来因为那段血腥日子而备受指摘的人民,就绝不会沾染任何鲜血;我也敢说,没有任何人间力量能够遏制复仇情感的全国性爆发,而且我相信那些见证了这场运动的人都会同意这一点。"

　　如果我理解的没错的话,有关法庭的这段扭曲之词,正是法国大革命的至深恐怖所在;僵硬的特权体制恰恰就是因由所在——特权体系之僵硬正是在司法机构身上得以道成肉身。恰恰也正是高等法院在旧制度时期的历次合宪判决使得特权体制本身无以为继,然而,最邪恶之处却在于,外壳破碎之后,内含的心灵仍然存活,最终使得整个常规性的司法体制名誉扫地。法国各地针对司法体制的陈情书如潮水般涌来;国民议会对这些冤诉实施了俭省并提交给一个委员会专门处理,委员会于1789年8月呈交了报告。对我们来说,体制本身的集权和强化问题并非根本所在,因此不妨暂且不论。委员会确立的是四项基本的改革原则:第一,取缔职位买卖,司法职位转为公共信托职位。第二,法官职能应当局限于实施法律,法官不应当解释法律。这也就是说,禁止法官采取立法行动。第三,法官应当顺应民意,具体办法就是让人民参与法官任命。第四,旧制度时期刑案方面的严厉已经演变成丑闻,鉴于此,应当引入陪审团予以缓解。贝加赛提出动议,认为司法职位的任命应当由行政部门从三名候选人当中作出,三名候选人则由各省议会选举。经历了漫长且激烈的论辩之后,这项动议于1790年5月实质上得到接受。当然,国民议会也以503票对450票议决法官应当由人民选举,任期六年,这中间行政部门不得介入。在论辩中,卡扎莱斯代表保守派,米拉波代表自由派。这次票决实际上带有测验性质,结果表明直到1790年7月份对教士阶层实施重组之时,保守派力量在国民议会当中仍是何等强大,而各个选区负责选举法官的选民会议,总体上看,要比国民议会更具保守色彩。在这场选举中,不到六分之一的选民投票选举了代表,再由这些代表负责选举法官:这些代表通常都是有名的律师或富裕的商人,要不就是文人。最终结果同旧日的高等法院没有太大区别,而且也同样没有能力理解发生在他们周围的这场震荡。这批法官任职不到一年,便如同他们的前任一样,陷入跌跌撞撞的境地。

1792年3月,让·德布里正式提请将这批法官撤职,尽管任期是到 1796 年。1792 年夏天,这批法官已然备受蔑视,大屠杀之后马上就要解散的立法议会对法官实施了新的选举。此次选举极尽堕落之能,巴黎选举的 51 名法官当中,只有 12 人接受过职业训练。新的法庭没有激发人们的任何尊重。8 月 10 日之后,组建了一两个特别法庭用于审理在杜伊勒里宫选择投降的瑞士卫队,此外还包括其他一些政治犯。但是此举的效果非常微弱,马拉随即将之抛弃,并用自己的谋杀团体取而代之。在丹东着手处理迪穆里埃的叛国罪之前,不可能出现真正的和恒久的政治法庭,而在丹东向公安委员会让路之前,这样的政治法庭也是不可能得到完善的;毕竟,此时的法国革命社会已经由于外来的普遍攻击和内部的叛乱而演进到白热化状态了。

丹东称得上演说家、律师,甚至称得上政治家,但是,他仍然没有能力应对此种危机局面;这样的局面是需要卡诺那样的管理天才的。不妨简略概述一下丹东的经历:紧随瓦尔密炮战之后,国民议会便建立了共和体制;1793 年 1 月 21 日,路易上了断头台;在这两个时间的间歇期,一场新运动诞生了。革命派感觉到,如果继续自封在国内,在外有敌军内有叛徒的局面下,他们很可能会输掉。假如新观念是正确的,就可以传播开来,因为瓦尔密之战已经向他们证明了这些观念是可以削弱侵略军的。丹东宣示了法国的自然疆界,那就是莱茵河、阿尔卑斯山和海洋。1793 年 1 月 29 日,国民议会命令迪穆里埃进攻荷兰。此举激怒了英格兰,英格兰遂向法国宣战。由此,反法同盟的北方、南方和东方三线皆已完整。这个同盟至少拥有 50 万士兵。丹东既无军事知识,也没有经验,只是一味地寄望于迪穆里埃。

在丹东看来,迪穆里埃是唯一可以拯救法国的人。1792 年 11 月 6
日,迪穆里埃在热马普(Jemmapes)击败了奥地利军队;14 日,迪穆里
埃率军开进布鲁塞尔,比利时遂在无助之下选择了投降。在如何对
待比利时的问题上,发生了一场分裂,最终以丹东的倒台收场。迪穆
里埃是个保守派,他策动了恢复王权的图谋,希望以路易·菲利普为
王;国民议会方面则恰恰相反,已经决定将比利时革命化,就如同法
国那样。为达成这个目的,卡姆波提议将比利时的教会地产充公并
出售,以便发行指券。丹东拜访了迪穆里埃,试图给予抚慰,但是他
发现迪穆里埃已经对此深深震怒。如果丹东更精明一些,迪穆里埃
肯定已经遭到怀疑了。但是丹东仍然将迪穆里埃留在帅位上,这对
丹东来说可谓不幸。2 月份,迪穆里埃侵入了荷兰,但是被逐回,于是
便退回布鲁塞尔。他没有足够的力量单独挺进巴黎,不过,他很可能
也期望在旺底叛乱浮出水面之时变得足够强大。无论如何,3 月 10
日,马克柯尔大屠杀开启了叛乱。1793 年 3 月 12 日,迪穆里埃致信
国民议会这封信等同于宣战。接着,迪穆里埃试图制造军队哗变,但
是遭到挫败,于是他在 1793 年 4 月 4 日投奔了奥地利人。与此同时,
旺底也已经烽烟四起。要想正确评估局势,最好读一读卡诺关于这
几周边界形势的叙述;在这段时间里,可能只有卡诺一人避开了严重
的灾难。就我们的目的而言,指出如下情况就足够了:压力是相当大
的,正是这种巨大压力催生了革命法庭,或者更确切地说是政治法
庭。

　　1793 年 3 月 10 日,国民议会通过一项法令,设立一个由五名法
官和陪审团组成的法庭,成员由国民议会选举。此外,还增设了一名

公诉人。丁维尔随后便在这个位置上恶名远扬。国民议会选取六名成员,组成一个委员会,负责起草起诉书、准备证据,同时也负责督导公诉人。具体刑罚以刑法典和其他刑事方面的法规为限,此外则全部交由法庭自由裁量。这个法庭的判决将是终审判决。死刑将伴随财产充公。[1]

毫无疑问,这是个非常法庭,在极度压力之下运行,对犯人的审讯通常都是凭借结论性的证据进行的。鉴于此,这个法庭前六个月的工作业绩不能说没有信誉度。1793 年 4 月 6 日到 9 月 21 日之间,这个法庭作出 63 项死刑判决、13 项流放判决和 38 项无罪判决。庭审进行得很有耐心,证据也都得到了听取,陪审团也进行了恰当的审议。然而,新生共和国遭遇的压力越来越大,恐怖体制也随之深化。从 1792 年 9 月国民议会召开到 1793 年 8 月公安委员会成立,法国在此期间经受的痛楚可谓巨大,恐怕再也难以想象还有比这更令人生畏的考验了。敌军环伺之下,革命如同火山熔岩一般在巴黎散射着光芒;不过与此同时,革命也因派系斗争而四分五裂。吉伦特派代表了保守派观念,山岳派代表激进派观点,处于两者之间的是平原派。平原派也可以说是国民议会中的多数,并体现了社会重力的核心,主导权随着这一派的摇摆而摇摆。此一摇摆运动之精确,不下于用于记录拉力的任何科学仪器。迪穆里埃四月份的叛国举动使得北方门户大开,只有为数不多的几个要塞还在坚守。一旦这些要塞失守,敌军就可以同旺底的叛军取得会师。此时,吉伦特派已然操控大局,他

---

[1]　Histoire du Tribunal Revolutionaire de Paris, H.Wallon,I,57。

们甚至选举伊斯纳德(Isnard)为国民议会主席,此人是吉伦特派当中最为暴烈之人。接着,他们又极为鲁莽地逮捕了巴黎公社的一个成员,而巴黎公社正是激进派的核心。此一举动加速了生存斗争,随之而来的就是社会平衡的变动。6月2日,里昂叛乱和爱国者遭到大屠杀的消息传到了巴黎。当天,巴黎一些行政区的民众闯入国民议会,将27名吉伦特派成员逐出设在杜伊勒里宫的议席。平原派或者说是中间派此时也向山岳派倾斜。7月10日,公安委员会获得重组,增添了圣鞠斯特和寇松这样的人物,并以普里耶这个富有干才和干劲的律师为主席。公安委员会最初是在迪穆里埃叛国之后即刻组建起来的,确切地说是在1793年4月6日。1793年7月12日,奥地利军队攻取了孔代,7月28日又攻取了瓦伦西恩尼;7月25日,克莱伯不堪饥饿,交出了马耶斯。盟军和旺底之间几乎已经没有什么阻拦了,即便有,也只剩下奥地利军队自身的怠惰。科勒尔曼的军队确实派往了这个地方,尽管他们一年前就已经发誓不对抗盟军;但是即便如此,科勒尔曼的一支分遣队还是遭到围攻,并在托尔福灾难中被击溃。一场极为惨烈的内战很快便肆虐了全法国。卡恩、波尔多、里昂、马赛纷纷宣示了反国民议会的立场。舒安党人将整个法国西北部沦为一片血海。60个行政区纷纷武装起来。8月28日,土伦被交付英国人,英国人封锁了海岸并为叛军提供物资。巴黎近郊实际上已经处于饥饿状态。7月27日,罗伯斯庇尔入职公安委员会,卡诺于8月14日也进入了公安委员会。这个著名的委员会便由此成为一个十人议事会,并塑造了一种纯粹的独裁体制。8月16日,国民议会发布命令,实施全民动员。

当卡诺成为这个独裁体制当中的战争部长之时，共和国的三色旗之下拥有一支四十七万九千人的大军，不过已经士气低落，统帅们也都是屡战屡败，名誉扫地。此时，布瓦洛一直在阴谋对抗三级议会，拉法耶特则阴谋反对立法议会，迪穆里埃则阴谋反对国民议会。然而，一年之后，共和国就拥有了一支强大的武装力量，拥有七十三万两千人，由约尔丹、皮克格鲁、霍克、莫罗和波拿巴统帅。最重要的是，卡诺非常喜欢霍克。直到瓦尔密炮战之时，老式的常规军，无论遭到何等的打击，也都一直维持着军队核心的地位。之后，正规军便融入了志愿军的汪洋当中——这批志愿军必须加以武装和训练，必须为之提供给养和指挥，以便对抗一支无论规模还是力量都堪称空前的盟军。法国在卡诺的指挥下，成了一座巨大的工厂，最为杰出的科学人士教人民采集硝石，并教政府制造火药和大炮。马匹也是必不可少的。卡诺和其他人一样，对自己毫无吝惜，不知道什么叫休息；凡是需要做的事情，都会迅速做好，不惜代价。要么把事情做好，要么就等待毁灭。

1794 年 10 月 21 日，人民聚集在战神广场庆祝胜利，国民议会主席宣布共和国已经获得拯救，接着，卡诺宣布了战况：

> 法国赢得了二十七场胜利，其中有八次是阵地战。
>
> 还赢得了一百二十次小规模战役的胜利。
>
> 法国消灭了敌军八万人有生力量。
>
> 俘虏九万一千人。
>
> 占领了一百一十六个地方或者市镇，其中六个是通过攻城

战获取的。

　　两百三十座要塞或者工事。

　　三千八百门大炮。

　　七万支火枪。

　　九十面军旗。

　　正如本雅明·贡斯当提请人们注意的那样,不可更改的事实是沉甸甸的,"国民议会一度发现敌军距离巴黎只有三十里路,……最终是在距离维也纳只有三十里路的地方缔结的和平"。

　　世事变迁催生了一种新的心灵类型,这种心灵开始凭借着一种无可抗拒的能量寻求扩张。宗教改革时期就已经发生过这样的事情。在没落势力已经无力干预之时,这种无可抗拒的能量就会达成所愿;这一点可以说是恒定的规律。现在,我们倒是希望大体上考察一下没落阶级在此种危机情境中是否因为错误估算自身的力量而意图实施镇压举措,此举最终对没落阶级自身造成了怎样的损害。

　　有一点是足够清楚的,假如法国特权阶级真心接纳了杜尔哥的改革计划,并由此将一场大变革维持一代人的时间,就不会有内战,也不会有充公之举,当然也许教会地产难免充公。同样,若是法国能够如同 1688 年的英格兰那样合力抵御外敌,也就不会有大屠杀,不会有革命法庭。即便会产生政治法庭,但是,也不至于演变为如此彻底的政治性法庭,除非有一天,新的心灵类型自身的保存必须在主要方面取决于能否灭绝老的心灵类型。丹东最初建立的那种革命法庭相对来说是温和的。这一法庭是在 1793 年 3 月建立的,第二年秋天,公安委员会借助一系列法令对革命法庭实施了重组,其中最有名的就是 9 月 17 日法令,这项法令涉及的是如何处置嫌疑人的问题。革命法庭的权能借助这一系列的法令得到了扩张,用丹东的话来说就是,每天砍掉一个贵族的脑袋。委员会提供了一份法官名单,而法律的目标就是将任何反动心思付诸死刑。单个人的纯粹想法竟然成为一桩罪行,只有在极端情况下才会如此。通常情况下,所谓罪行既包括罪恶想法,也包括公开行动,但是在极端紧张时期,心怀任何特定的想法也将成为罪行。通常,在内战期间,考验性的誓言会用在嫌疑人身上,以测验他们是否忠诚。在数世纪的时间里,教会一直都将那些否认变体论这一关键教义的人交付火刑,而在法国大革命最为震荡的那段岁月里,若是相信君主制原则和特权,就会遭遇死刑并处没收财产。

如何确认犯罪心思的存在,是国民议会必须面对的问题,即便在没有任何可见迹象存在的情况下。旧制度时期实施的是刑讯逼供;为了证明异端,教会同样习惯于动用刑讯;大革命的办法要温和一些,仅凭怀疑便可定罪,过程本身非常简洁。公安委员会以罗伯斯庇尔为首领,制定一份审判清单,最终几乎完全不存在程序方面的考虑。如果觉得麻烦,被告人将不会得到辩护机会。只要遭遇犯罪嫌疑,相应的压力就会给予法庭。对此,我不妨举一两个例子。塞里耶,革命法庭的资深助理法官,一直都是一名好律师,而且品行也相当端正。1794 年 2 月的一天,塞里耶同罗伯斯庇尔共进午餐,席间,罗伯斯庇尔抱怨法庭过于拖沓。塞里耶回答说,若不遵守程序,无辜者就无法获得保障。罗伯斯庇尔回答说:"让你和你的程序滚蛋吧;

委员会很快就会获得法令,镇压你们的程序,咱们走着瞧吧。"塞里耶没有敢再吭声。相应的法令由寇松起草,并在牧月 22 日,也就是 1794 年的 6 月 10 日获得通过,不过,丁维尔作为公诉人对具体方式做了微调。塞里耶曾向圣鞠斯特抱怨这项牧月法令,圣鞠斯特则回应说,如果他向公安委员会汇报塞里耶说的这些话,或者公安委员会让他交代这些话,塞里耶必将遭到逮捕。逮捕实际上等同于死刑,塞里耶只得一切照办。

　　法国人并没有就这个问题进行完整的逻辑推理——从前提推及结论,或者说,群情激奋的法国人并没有能力这么做,因此,他们便秉持一种集体直觉,认为只要有一个强大的政府,一切都是可以忍受的,任何阻碍政府之事都必须予以清除。为了完成这样的清除工作,法国人动用了革命法庭。内部敌人让他们置身于此等境况之下,他们没有别的选择。假如某个政党在国民议会当中反对这套独裁体制,就必须摧毁这个政党;如果某个人展示出同独裁体制竞争之势,就必须剪灭此人;任何密谋反对共和国的人都必须被无情摧毁,无论是在家中,还是在战场上。共和国已经陷入财政僵局,必须有钱,也必须有人。如果政府需要人手,那就全部征调过来;如果共和国需要钱,而某个人恰好又非常富有,那就毫不犹豫地将此人处死并没收财产。恐怖时期的此类案例可谓罄竹难书。

　　吉伦特派是自由派。他们素来都秉持自由派姿态,从未阴谋反对共和国;但是,此派中人倒也并非识时务之人。他们当中最能干的维尔尼奥德(Vergniaud)当着革命法庭的面提出怨诉,认为他遭到审判是因为他的思考,而非他的行为。政府否决了这一怨诉,不过,这怨诉却是真实的。问题还不止于此。对他的审判不是依据正面观点进行的,而是依据消极证据进行的,他被定罪并处死,他的朋友们也随同他一起被定罪处死,原因在于,假如容忍他们待在国民议会,独裁体制就会因为他们的反对而失去能量。定罪方式可谓极度令人震惊,二十一名被告实际上都遭到压制,从而无法提起自我辩护,陪审团也是得到指令给出了有罪判决。不过,对吉伦特派的指控到此为止,一旦他们不再成其为一股抗拒力量,便会随即得到宽宥。

无论是有意的还是为环境所迫,丹东及其朋友们都完全有可能对独裁体制构成威胁。罗伯斯庇尔和丹东,必须除掉其中一人。一山难容二虎。1793 年 4 月 1 日,丹东、卡米勒·德斯穆林和其他一些人遭到逮捕,逮捕令上有巴塞莱斯、卡诺和普里耶的签名。卡诺乃是一个德才兼备的战士,若非环境所迫,他是不会在这样的逮捕令上签名的。这其中的风险相当大。丹东毕竟是一个颇受欢迎且相当强大的人,尤其是在陪审团面前,这使得政府甚至对丁维尔也缺乏足够的信任。于是在庭审丹东那天,政府发出命令,明确指示亨利奥特将革命法庭公诉人和主席逮捕,不过这一命令只是暂且搁置起来。

此种局面迫使丁维尔奋力一搏,但最终也自感毫无胜算。丹东一阵咆哮,质问卡姆波:"您真的相信我们是密谋反叛者吗? 看,他笑了,他不相信。请记录下来,他笑了。"丁维尔此时也是黔驴技穷。假如第二天陪审团提出问询,"庭审是否进行完毕了",他们若是回答"没有",那么就只能宣判无罪;若如此,丁维尔自己的脑袋恐怕也要滚到篮子里去了。这甚至有可能引发一场叛乱。丁维尔遂致信公安委员会,要求他们从国民议会获取一项法令,以便中止被告人的辩护。公安委员会感受到了严重的危机，于是这项法令获得一致通过。丁维尔听闻法令已经在路上的时候，不禁长出一口气，说道："感谢上帝，终于来了。"但是在宣读法令之时，丹东一下子跳起来，怒不可遏地宣称这是叛国。主席随即宣布终止审讯。此时，大厅里到处回荡着被告人的抗议之声和警察的喊声，警察将犯人从法庭拖走，通过走廊，拖向牢房。此后，犯人便再也没有现身，直到登上马车被送往断头台那天。

一个人归附这样一个法庭时，若是还有所犹疑，也会招致危险。丁维尔手下有一个名叫帕里斯·法布里西乌斯的书记员，同丹东一直都是好友，对丹东所遭受的审讯耿耿于怀。他甚至拒绝在判决书上签字，尽管这是他的职责所在。第二天，他去见丁维尔。丁维尔特别阴沉地看着他说："这里不需要思考，干活就行了。"第二天早上，帕里斯没有出现。他的朋友们对此感到惴惴不安，但是最终也没能找到他。帕里斯实际上已经被关押进一个秘密地牢，这个地牢位于卢森堡监狱。

如果一个人特别富有，日子就会非常难过。路易·菲利普·约瑟夫，奥尔良公爵，后来更名为"平等"，此人是旧日贵族阶层当中最为有趣的人物之一。他是路易十三的第五代人，跟路易十六算是表亲，除了皇族，算是法国最高级别的贵族。但他的教育颇为不顺。他的父亲同一个芭蕾舞女同居，而他的母亲，也就是 Henriette de Bourbon-Conti 公主，因为自己的丑闻而令一个并不是那么容易感到震惊的圈子蒙受羞辱。恐怖时期，一批无套裤汉到处宣扬公爵是一个为银行家杜鲁埃特服务的马车夫的儿子。这个传言毫无疑问是捏造的,但是公主确实同很多人有关系,这类关系也好不到哪去。"平等"
十六岁时便孤身一人生活,生活极为放荡,不过他却娶到了一个当时
最漂亮也最有魅力的女人,而且是凭借真挚的情感打动她的。他的
父亲生于 1747 年,死于 1785 年,给他留下了一笔巨大的财富。此外
他还是三个男孩的父亲,他的儿子对他很是崇拜。此时正值大革命
爆发。长子就是未来的国王路易·菲利普。他应当是善良之人,否
则不会终生都得到孩子们的爱。此外,对于大革命及其意义,他比法
国以及跟他等级相近的贵族有着更透彻的理解。年轻时,公爵在海
军服役,可谓忠于职守,1778 年乌尚特战役之后,负责统领蓝色舰队
的他在巴黎受到了极为热情的欢迎,这使得他很快便向玛丽·安托
瓦内特提交了辞呈。此后,他便脱离了宫廷,反政府的生涯也由此开
启。他接纳了共和理念,这是他从美洲学到的,而且他还教育自己的
儿子成为民主派。1789 年,他获选进入三级议会,支持议会融合,因
此备受欢迎。根据康潘夫人的记载,玛丽·安托瓦内特在某个场合
甚至对此不免一阵羞愤,几近眩晕。7 月 14 日,佩戴三色制服的军队
就是从他在罗亚尔宫宅邸的花园中取道去进攻巴士底狱的。有那么
一段时间,他似乎只需要有足够决心,就可以将国王抛在一边,让自
己成为法兰西国王。但是他没有这么做。据说,米拉波甚至对他如
此缺乏野心感到反感。他的品性甚是仁慈,在紧随社会失序而来的
困顿时期,他在巴黎贫民当中大量散财。同宫廷之间的决裂日益深
重,最终,他归附了丹东的党派,并投票赞成审判国王。他送两个儿
子前往共和军中服役,大儿子在迪穆里埃叛国之时仍然在迪穆里埃
军中。1793 年 4 月 6 日,迪穆里埃事发之时,国民议会发出命令对整

个波旁家族实施逮捕,公爵也未能幸免,随后被遣送到马赛。

　　也许贵族阶层对"平等"可谓抱怨深重,但是共和派肯定没什么好抱怨的。没有谁能像他那样为现代法国做了这么多事情。他抛弃了自己所属的阶层,放弃了自己的名字,散尽钱财,将儿子们送上战场,而且还大义灭亲。他未曾令任何人感到恐惧,尽管如此,罗伯斯庇尔还是派人将他押回巴黎并送上断头台。他的审讯只是走走形式,丁维尔承认,在离开马赛之前他就已经被定罪了。公爵非常富有,而政府急需用钱,所有人都明白其中奥妙。他收到逮捕令的当晚,正在巴黎府邸中与朋友孟伟尔共进晚餐。公爵深为震惊,于是询问孟伟尔事情是不是很严重,毕竟,他为革命做出了这么多的牺牲,而且也做了这么多的事情。"非常严重,"孟伟尔冷静地回答道,"不过,你还有什么呢?他们已经从您这里拿走了能拿的一切,您对他们没有更多的用处了。所以,他们会像我对待这个柠檬那样对待您(孟伟尔将柠檬汁挤到了一条比目鱼上),看,柠檬汁全在这了。"接着,孟伟尔将柠檬扔进了火炉。即便这样仍不能令罗伯斯庇尔满意。他对这个可怜人心怀恶毒之意。在押往断头台的路上,他命令运送公爵的马车在罗亚尔宫门口停下来,此时的罗亚尔宫已经充公,此举仿佛是为了让公爵思量往事,思量他为国家做出的最后牺牲。公爵既没有表现出恐惧,也没有动情的迹象。

　　恐怖时期的历史想必已经是世人皆知了。将受害人押送断头台的长长的马车队伍,在牧月法令之后日增,最终仅巴黎一地就到了每天六七十个脑袋的地步,外省则根本不止于此。在南特,车夫已经不足以应付法庭的进度,于是加里耶便实施溺舟之刑,将人整船整船地沉入卢瓦尔河。里昂的百人大墓和奥朗治的"红塚"都已经见诸史册。土伦的人口从两万九千人跌落到七千人。老实说,这些人之所以遭到抓捕和屠杀,要么是因为沾染了贵族心性的嫌疑,要么就是被怀疑为共和国的叛徒。国民议会中的中间派或者说是多数,对此表示默许,从而成就了此事。也就是说,法兰西容许了这样的事情;而之所以容许这样的事情,乃是因为对败落阶级的攻击使得此类残忍行径成为自保的前提条件之一。此乃判断力所犯的保守错误招致的结果,我完全有理由怀疑,在人类历史当中,是否还有其他事件能够对判断错误所造成的结果予以如此可怕的揭示。

法国从未爱过恐怖体制,也从未爱过这一体制的罪恶推手——丁维尔、加里耶、比劳、柯罗特、亨利奥特、罗伯斯庇尔以及寇松。在这一点上,我认为是毫无疑问的。我已经论述了恐怖体制是如何开启的,要说明这一体制如何以及为什么终结,是很容易的事情。内战和外敌的压力自动开启了恐怖体制,压力解除之时,这一体制也就自动结束了。恐怖体制并非经由某种强制力量而归于终结,相反,恐怖体制的终结乃是出于法国人的普遍赞同;而且,恐怖体制结束之际,从事这一血腥工作的推手们并没有得到宽宥,他们同样被送上了断头台,可以说,这种现象乃是最令人感到奇特的地方。这个过程的日期序列是有足够说服力的。

1793 年 7 月 27 日,罗伯斯庇尔入职公安委员会之时,共和国的命数如临寒冬,不过,在卡诺于 8 月 14 日入主战争部之后,共和国的命数便发生了转变。1793 年 10 月 8 日,英国人撤出土伦;12 月 23 日,旺底叛乱在萨维奈遭遇致命挫败。与此同时,边境战事也屡获战

果。卡诺让霍克负责指挥孚日地区战事。1793 年 12 月 23 日,霍克
在弗莱施威勒击败了沃姆塞,奥地利军队遂放弃了维桑堡,退守莱茵
河后方防线。由此,截至 1793 年底,除了瓦朗谢内和孔代地区的几
座通往北方的巨大边境要塞,法国领土上的敌军已经肃清了,尽管这
些边境要塞扼守着由布鲁塞尔通往巴黎的要道;与此同时,国内也恢
复了平静。压力削减之下,主宰着共和国独裁体制的那批人便开始
发生内部分裂。罗伯斯庇尔、寇松和圣鞠斯特结盟,并控制了警察力
量,比劳、柯罗特和巴里尔结成反对派,巴里尔为人胆怯,因而采取秘
密姿态。后者之所以成为反对派,不是因为他们比罗伯斯庇尔更温
和或者宽容,而是因为独裁者只能有一个,因此,事态便演变为适者
生存的问题。卡诺很少或者说根本就没有参与此类积极政治。他全
部的精力集中于战争,不过,他不赞同恐怖体制,并逐渐同圣鞠斯特
决裂。罗伯斯庇尔的权能于 1794 年 6 月 10 日臻于顶峰,此时通过了
牧月 22 日法令,这项法令实际上将一切法国人的性命都交到了他的
手上,此后,除了他最为忠诚的追随者,诸如圣鞠斯特、寇松、莱巴斯、
丁维尔、巴黎市长弗莱利奥特以及国民卫队统帅亨利奥特,没有人会
觉着自己肩膀上的脑袋是稳当的。然而,只需要北方边境得到保障,
就足以招致社会重心的变动,从而推翻罗伯斯庇尔。弗莱鲁斯之战
恰好让法国获得了这种安全保障。约尔丹和皮克格鲁是比利时边境
战区的统帅,1794 年 6 月 26 日,也就是牧月法令通过之后的第 16
天,约尔丹赢得了弗莱鲁斯战役。这场战事就其本身而论并非决定
性的,却导向了决定性的结果,解除了瓦朗谢内和孔代之围,从而为
法国构筑起一座安全屏障,同时也打开了一条军事通道。7 月 11 日,

约尔丹进驻布鲁塞尔。7月16日,他在卢文赢得一场完胜,那慕尔则在同一天开门投降。7月23日,皮克格鲁扫荡了前面的英国军队,并占领了安特卫普。法兰西获救了,没有法国人再怀疑这一点,有此确信之后,恐怖体制便不攻自破。末日终将到来,不过未曾料想会来得如此之快,而且,根据一项古老传说,末日种子乃扎根于一场男欢女爱的往事当中。

约翰·兰伯特·塔利恩,贝尔西伯爵管家的儿子,出生于1769年,因其聪敏引起了伯爵的注意,从而领受伯爵的慷慨资助而获得教育机会。塔利恩后来成了一名熟练印刷工,一天,在勒布伦富人的印刷坊里,一身工装的塔利恩遇到了特丽莎·卡巴鲁斯,也就是丰特内女伯爵,那个时代最为放荡的女人。塔利恩可谓一见倾心。显然,这样的事情是令人最感绝望而且荒诞的。但是大革命来了。在这场革命中,塔利恩表现突出,获选进入国民议会,影响力日增,1793年9月以议员身份派驻波尔多,人称总督,成为全权专制者。此时,他发现了特丽莎。特丽莎在企图逃往西班牙的时候遭到逮捕并收监,此时的女伯爵破落、困顿,在断头台的阴影下瑟瑟发抖。塔利恩救下特丽莎,将她放在凯旋队伍的一辆马车中穿过波尔多,塔利恩则陪同在侧。就这样,塔利恩将特丽莎带回巴黎,而罗伯斯庇尔则将特丽莎再次收监,并指控塔利恩的腐化之罪。6月12日,罗伯斯庇尔在国民议会对塔利恩发起了一次谴责演说,1794年6月14日,雅各宾派将塔利恩除名。弗莱鲁斯战事正酣之际,特丽莎躺在拉弗斯的监狱里面,日复一日地徘徊在死亡预期当中,与此同时,塔利恩成了反革命派的灵魂人物。热月八日,也就是1794年7月26日,塔利恩收到一把比首,包裹在一封由特丽莎签名的信笺里面:"他们明天要杀我。你是胆小鬼吗?"[1]

天色一亮,大日子便到来了。圣鞠斯特起身在国民议会宣读一份针对比劳、柯罗特和卡诺的谴责报告。塔利恩无意让圣鞠斯特获得听众。比劳给予塔利恩襄助。柯罗特是当时的会议主席。罗伯斯庇尔登临讲台试图发言。此时的塔利恩一跃而起,手持匕首,一把抓住罗伯斯庇尔的脖子,将其逼下讲台,并大声呐喊:"我匕首在手,足以刺穿此人的心脏,除非国民议会对此人发布控诉令状!"议会中间席位上顿时一片叫嚷:"暴君下台,逮捕他,指控他!"这就是此前一直对罗伯斯庇尔独裁逆来顺受的国民议会中间派。罗伯斯庇尔尝试最后一搏,但是他的声音湮没在扰攘声中。"让丹东的血淹死他;逮捕他,逮捕他!"这是议会右边坐席中响起的声音。罗伯斯庇尔筋疲力尽之下跌坐在座位上,他和他的弟弟还有寇松、圣鞠斯特遂遭到逮捕,国民议会遂发布命令让警察将其收监。难怪特丽莎后来评论说:"也许就是这只小手推翻了断头台呢。"

不过,在议会大厅里面抓捕落单的罗伯斯庇尔是一回事,囚禁并将他送上断头台就完全是另外一回事了。巴黎的全部武力都操控在罗伯斯庇尔手中,至少名义上是这样的。市长弗赖利奥特关闭监狱大门,敲响警钟,禁止任何狱卒接收犯人;与此同时,已经酩酊大醉的亨利奥特跨上马背,四处飞奔,意图唤醒全城。弗赖利奥特采取措施将罗伯斯庇尔、寇松和莱巴斯等人带到市政厅,一个临时政府随即成

---

[ 1 ]　"C'est demain qu'on me tue; n'etes-vous donc qu'un lache?"

立了。剩下的事情就是驱散国民议会。亨利奥特接手了这项看起来很容易的任务。他集合起一支二十人的火枪队，前往杜伊勒里宫，并在国民议会大厅里面展开操练。代表们不免思忖一切都完蛋了。柯罗特在主席位上就座，这个座位在火枪的射程范围之内，他戴好帽子，平静地说道："我们至少还能死在岗位上。"而后便只等开火命令。枪声并未响起，火枪队哗变了。国民议会遂宣布亨利奥特不受法律保护，后者逃往市政厅。国民议会遂推举巴拉斯负责指挥议会的武装力量，不过，除了为数寥寥的几个警察，议会实际上没有别的武装了。长夜渐渐逝去，弗赖利奥特未能说服罗伯斯庇尔采取任何决定性举措，罗伯斯庇护尔真的只是一个耍嘴皮子的律师。最终，罗伯斯庇尔还是同意签署命令，诉诸武力。他刚写下"RO"这两个字母，巴拉斯便率领一队警察抵达市政厅。巴拉斯的队伍屈指可数，不过，市政厅的大门却也无人把守。罗伯斯庇尔刚刚写好字母"O"的时候，巴拉斯的人已经登上了楼梯，一个叫梅德拉的警察当即开枪，子弹钉在罗伯斯庇尔的下巴上。罗伯斯庇尔脑袋掉落之时，纸上的血迹仍在。寇松腿上中枪，亨利奥特则被警察从窗户扔出，掉进化粪池里面，寇松在池中挣扎了整整一个晚上，直到天亮时分莱巴斯将他的脑浆打出来，才算停止。第二天，罗伯斯庇尔被押送至国民议会，但是国民议会拒绝接收这个人。人们将罗伯斯庇尔扔在一张桌子上，此时的罗伯斯庇尔惨不忍睹，后背的衣服全部撕烂，长筒袜掉落在膝盖下面，衬衣开裂，浸满血迹，没法说话，满嘴都是颌骨碎片。这样一个人，前一天早上还是法国的独裁者，还是全法国武装力量的主人。寇松的命运也好不到哪去。共计二十一个人在热月10日获罪，而后便塞进马车赶往断头台。场景实在可怕。罗伯斯庇尔面相尽毁,只剩半个脑袋,亨利奥特在罗伯斯庇尔边上,前额有一条深深的裂缝,右眼垂落在脸颊上,鲜血不断滴落,同化粪池中的污秽混融一体,他毕竟在里面待了整整一个晚上。还有弗赖利奥特、圣鞠斯特,他们身下的地上躺着已经残废的寇松,他是被扔进刑场的,如同一副口袋。此时的寇松已经瘫痪,人们径直将他拖向刀架并固定下来,他则在极度疼痛中不断嚎叫。寇松的临刑准备工作差不多花掉了一刻钟时间,完成之后,人群中一片欢呼。十多万人观看了行刑,无人发声或者举手抗议。恐怖体制应当结束,世人都赞同这一点。但是热月10日这一天,寇松是最年长的受难者,时年三十八岁,罗伯斯庇尔三十五岁,圣鞠斯特只有二十七岁。

恐怖体制就这样结束了,一起结束的还有大革命本身所承受的压力,正是这样的压力造就了恐怖体制。"恐怖体制"从此成为世人口中的常用词。这一体制当然是令人恐怖的,不过,若非贵族极力对抗法律平等原则的来临,也不至于造成这样的结果。显然,这样的结果是正当的、合乎逻辑的。政治法庭不过是为他们提供服务而已。正是这些年轻人铲除了法国的古旧心灵,这样的心灵过于僵硬,根本无法作出自我调整以适应变迁中的环境。自他们之后,便再也不会有任何有组织的抵抗行径来对抗新的社会平衡体系。现代法国在重新调整的道路上稳步前进,以行政体制的统一化和简化为基础,同时也以法律面前的平等原则为基础,首先是督政府,而后是执政体制,后来便是帝国体制,都是如此。《民法典》随同帝国的到来而得到完善。我认为这部法典是现代法典化历程中最伟大的成就,可以肯定,这部法典的命数在今天依然昌盛。政府来来去去,帝国让位给王朝,王朝让位给共和,共和又让位给帝国,帝国再次让位给共和,但法典所体现的法律平等原则得以留存下来。法国的社会平衡从根本上讲一直都是稳定的,追究其中因由,首要者就是司法体系构筑其上的理性和保守的原则。恐怖体制时期,政治法庭横行法国;不过自恐怖时期之后,法国法官们无论处身怎样的政府之下,一直都回避着政治,并全副身心地致力于对法典进行无偏见的解释。也正是因此,法国人无分党派、阶层,也不分何种境遇,都一直支持法庭。在法国,如同英格兰一样,在司法控制权问题上,再也没有出现阶级仇恨。